学校評価と四者協議会

――草加東高校の開かれた学校づくり

小池由美子

同時代社

刊行によせて

勝野正章（東京大学准教授）

埼玉県立草加東高等学校の開かれた学校づくりを描き出している本書のエッセンスは何かと問われたならば、私は対話から信頼と希望が生まれる、そのリアリズムであると答えたい。四者協議会も学校評価も、同校の教職員は最初から納得して進んで参加したわけではない。その反発や不安や葛藤の様子が手に取るように伝わってくる。そして、難局を乗り越えた時には、必ずといってよいほど、お互いの教育観、子ども観、学校観を深いところで揺さぶる対話があった。

印象的な場面をほんの一部だけ挙げよう。保護者アンケートの回収率を高めるために往復書簡で郵送しようとしたときの事務長の言葉。長野県辰野高等学校の三者協議会を傍聴した後のＰＴＡ役員と後援会会長の言葉。携帯電話持ち込みの試行期間について四者協議会で協議したときの地域代表委員の言葉。授業アンケートに反対していた教員のアンケート実施後の職員会議での言葉。そして本書の至るところで出会う、たくさんの生徒たちの言葉。草加東高等学校の開かれた学校づくりは、生徒から、教職員から、地域から、保護者から「互いを信頼しあい、一緒に学校をよりよいものにしていこう」という言葉が交わされる過程であったように思う。それらは開かれた学校づくりを推し進めようとしている者を元気づけ、硬い懐疑心を少しずつ解きほぐした。いま学校では競争や多忙化の波に飲み込まれ、希望を語ることが難しくなっていると言われるが、ひとが共にいる人々に対して自らを開き、関わりを持つことから希望は生まれてくるものだと思う。事実、草加東高等学校では対話から希望が紡ぎ出されている。

開かれた学校づくりのリアリズム。それが本書の魅力である。「学校はみんなのもの。みんなでつくるもの」という、開かれた学校づくりの理念に批判的な読者、そして、共感はするけれども、もう一歩実践に踏みだすことにためらいを覚えている読書にこそ、本書を薦めたい。

学校評価と四者協議会　――草加東高校の開かれた学校づくり

はじめに

▼学校はみんなのもの

学校って何のためにあるの？

それは、学校で学ぶ喜びに瞳輝く子どもの、素朴な疑問かもしれません。あるいは、自立に葛藤する子どものつぶやき、競争と管理に息苦しさを感じる子どものため息かもしれません。

私は高校の教員になってから、生徒の成長を支えるためにはどうしたらいいか、高校で生徒にどういう力をつけてほしいか、自分なりに一所懸命考えてきましたが、失敗もたくさんしました。生徒や保護者の声を受け止め、期待に応えられるにはどうしたらいいか、今でも試行錯誤中です。

そうした中で、草加東高に在籍した一六年間から、「学校はみんなのもの、みんなでつくるもの」ということがやっと分かってきました。つまり、教師だけの力で人格の完成を目指す教育が完結することはできず、学校の主人公である生徒、生徒を家庭で支えている保護者、そして地域住民と学校の教職員がともに力を合わせてみんなで学校をつくっていくプロセスで、学校はみんなのものになるのだ、ということです。その積み重ねの結果、大げさな言い方になるかもしれませんが、社会全体が高校生の人格形成を支えていくことになるのではないでしょうか。そして、主権者となった彼らが貢献することで、社会は発展していくのです。しかし現代社会ほど、上からの「教育改革」で競争と管理に追われ、「自己責任」で教育の「私事化」がすすめられ、公教育が揺らいでいる時はありません。

学校づくりは地域づくりにつながります。学校は地域の文化的な財産であり、知の源です。全国各地で、かつてない勢いで小中学校、高校の統廃合が進められていますが、地域から学校がなくなると、あっという間に限界集落になてしまう深刻な問題を抱えている地域が少なくありません。地域から学校がなくなると、子どもに教育を受けさせることができなくなるので、子育て世代は他の地域に引っ越してしまい、地域から子どもや働き盛りの世代が消え高齢者だけが取り残され、地域コミュニティが崩壊してしまうのです。

学校は、学校に通っている子どものためだけに存在するのでなく、まさにみんなのためにあるのです。

▼教育格差の是正と学ぶ権利の保障

その一方で、首都圏から地方都市まで進学競争は過熱し、東大を頂点とする難関高校のランキングがマスコミを賑わしています。我が子を「良い」大学に入れるため、小学校に入る前からの私立の「お受験」、公立小中学校の学校選択制や小中一貫校、中高一貫校の導入などで、今や公立私立を問わず受験の低年齢化が問題になっており、それはとりも直さず、経済格差が教育格差をますます助長させる要因ともなっています。「難関」といわれる大学ほど、保護者の所得が高くなっていることは、様々な調査から明らかです。

二〇〇九年八月の総選挙で政権が交代し、二〇一〇年四月からは公立高校の授業料実質無償化が実現しました。教育費の無償化に向けて一歩を踏み出し、これでやっと日本もOECD諸国並みを目指せるラインに立てました。教育費の無償化に向けて大きな前進です。学級編成基準についても二〇一〇年九月に中教審の答申が出され、三〇年ぶりに三五人～三〇人学級を目指す方向が出されました。しかし、課題はまだ山積しています。授業料は実質無償になっても、学校納付金や教科書代などの保護者負担は、年間平均約二〇万円近くなります（日高教「二〇一〇年度高校生の修学保障のための調査」から）。それらを払えず中退せざるをえないケースは貧困と格差が広がる中、今後さらに増えるでしょう。また、高校で学んだことを生かし、さらに大学に進んで専門的に深めたいと思っても、経済的な理由で進学をあきらめざるをえない高校生が沢山います。憲法二六条では「教育の機会均等」が謳われ、二〇〇六年に「改正」された教育基本法にも、「経済的な理由で差別されてはならない」ことが明記されています。しかし財政難を理由に、教育費の無償化や学級編成基準の見直し、教職員定数増などが前進しなければ、子どもたちの豊かな学びの保障が先送りされてしまいます。

学校現場の実情は、様々な「教育改革」が上から押しつけられ、競争と管理で多忙化にますます拍車がかけられています。「学力低下」論に翻弄され、学校選択制や全国一斉学力テストで、小中学校から学校の序列化が進んでいます。実際に全国一斉学力テストで、全国（あるいは、都道府県、市区町村単位で）平均より下回った場合などは、教師は学力テスト対策に縛りつけられてしまいます。その結果、子どもたちと向き合う時間が削られ、一番のしわ寄せが子どもに押し寄せてしまうのです。改訂学習指導要領では、国から「学力」格差にお墨付きを与えられかねないことが懸念されます。高校では入試の偏差値でとうに序列化が進み、その刻みは「超薄切りロースハム」状態といわれて久しい中で、「学力格差」の固定化が懸念されます。

教育格差を是正し、教育の機会均等と学ぶ権利を実質的に保障することが、今ほど求められていることはない、といっても過言ではないでしょう。

▼「学校評価」のあり方を問う

こうした中で、教育政策はどうあるべきか、国民に対する説明責任が求められています。その中の一つとして、二〇〇二年に国で「学校評価」が法制化され、この間都道府県教育委員会から学校へ、その制度が導入されてきました。「学校評価」にトップダウンで数値目標が入れられると、「進学率を〇〇%に上げる」、「国公立大学進学〇〇%を目指す」という表現が使われやすくなります。その数値に駆り立てられるようになると、生徒のありのままの実態を把握し、そこから学校づくりを進める教育活動から乖離しがちになってしまいます。

今、「公教育とは何か」と問い直す声も増えています。それを一言で説明するのは難しいことですし、様々な立場から意見も出されることでしょう。しかし、社会の宝である全ての子どもたちの発達に応じた成長を保障し、社会の主権者としての人格の完成を目指すためにこそ、教育は行われるべきではないでしょうか。

「学校評価」については、一九四七教育基本法の理念を推進し、学校の質的基準を参考資料として公の形で参考資料にするために、一九四九年に当時の文部省から出された『新制中学校新制高等学校望ましい運営の指針』で、次のように述べられています。

「新制中学校および新制高等学校は、生徒の進歩状況を絶えずその教育目標に照らして評価しなければならない。」

「第二十　学校教育の評価」

「学校教育の評価」と書かれていることに着目し、今日の学校評価制度と比較するためにいくつかポイントを抜き出したいと思います。

「要するに、学校は（1）何をすべきかを決定し（目標の設定）、（2）それを実行する計画をたて（教育課程の編成）、（3）それがどの程度によく行われたかを評価しなければならない（教育の評価）のである。」

「評価は、学校管理の手間の工夫や方法ではない。それは、教師の成績には関係なく、またこれを学校の等級をつくるために、ある学校を他の学校と比較する目的に用いるべきものでもない。それは、学校が如何によくその任務を果たしているかを判定するために、校長と教師と生徒で行う学校内部の一活動である。」

「生徒は、評価に重要な役割をもっている。第一に、生徒は単元または教科の目標を建てることを助け、こうしてたてた目標が生徒たちの目標となる。生徒が自分たちの目標だと思わないような目標は、達成されることがないであろう。」

「学校評価」が法制化された現在、六〇年以上前に書かれたこの観点に立ち戻って、改めて冷静に学校評価のあり方を読者のみなさんとともに考えたいと思います。つまり、上から押しつけられた「学校評価」でなく、学校がみんなのものになるあり方を考えたいと思うのです。

▼開かれた参加と共同の学校づくりを

どの生徒も、「勉強が分かるようになりたい」、「自分の学校を良くしたい」という強い思いを持っています。もちろん保護者の方も、「我が子だけでなく、子どもたちのためなら、親としてできることは何でもしたい」と暖かく応援してくださいます。そして地域の方も、「地元の学校には良くなってほしい」という願いがあります。

「良い学校」とは何なのか、様々な思いが込められていると思いますが、個別に一方通行でその思いを聞くと、時には学校にとってプレッシャーになります。しかし、学校の主人公である生徒とともに、みんなが集まって意見を出し合うと、学校が生き生きと活気に満ちてきます。「学校はみんなのもの」になるからです。

この著書では、昨今の「教育改革」と学校評価制度のあり方について問いを投げかけ、学校評価制度を「開かれた参加と共同の学校づくり」に組み換える、ささやかな公立高校の試みを紹介したいと思います。

第一部　今日の「教育改革」と「学校評価」

第一章　「教育改革」と「学校評価」制度

一九九〇年代以降、「知識基盤社会」と「グローバリズム」を旗頭にした新自由主義的な「教育改革」が、かつてない勢いで国から都道府県教育委員会へと降ろされ、種々の制度となって具体化され、各学校へと導入されています。

こうした中で藤田英典氏は、「日本の教育はいま、二一世紀の教育と子どもの生活をどう編成していくのか、二一世紀の教育社会をどう再編していくのか、その重大な岐路に立っている」(『教育改革』岩波新書二〇〇五)、と問題を提起しています。

また学力「低下」問題や学校選択、全国一斉学力テスト、学習指導要領の改訂などで、国民の教育に対する関心も高まっています。それは同時に、「公教育」のあり方を、国や教育委員会などの教育行政や学校・教職員に問いかけているのではないでしょうか。

「教育改革」に関して、「公教育の信頼」の手だての一つとして説明責任(accoutabilty)が求められています。一九九八年九月に出された中央教育審議会答申「今後の地方教育行政の在り方について」に、説明責任に応じる手だてとして学校内部における自己評価の結果の公表が盛り込まれました。その後二〇〇〇年の教育改革国民会議での提案などを経て、二〇〇二年に「学校評価」が法制化されたわけです。

国から都道府県に「学校評価」の具体化が降ろされ、埼玉県でも調査研究が行われ、二〇〇三年度には県立学校に「学校評価」制度が導入にされることとなりました。埼玉県は、八校をその研究推進校に指定しました。その内の一校が私が勤務する県立草加東高校でした。私は、学校評価制度の設計プロセスに携わることによって、国の動向・政策が都道府県の教育政策に及び、学校の教育活動に直接影響を与えることを実感しました。この経験を通して、教育政策は教育が行われる「学校」という基礎単位の視点からみた時に、「学校評価」を管理強化として頭から否定するのでなく、目の前の生徒のためにどのような教育活動に生かしていけるか、職場の管理職、同僚、保護者、生徒、地域代表とともに考える大切さを学びました。

それでは先ず、近年の「学校評価」制度と「開かれた学校づくり」の国の政策動向をふりかえっておきたいと思います。

一、国の「学校評価」と「開かれた学校」に関する近年の政策動向

近年の「開かれた学校」「学校評価」「保護者や地域の参加」などに関わる国の政策動向について簡単にまとめてみると、次のようになります。

国の政策動向と絡んで「開かれた学校」「学校評価」「参加と共同」の研究も盛んになってきましたが、日本における「学校評価」の原点を追究すると、先に引用した『新制中学校新制高等学校望まし

表1　近年の学校評価・開かれた学校に関する国の政策動向

一九八六年四月	臨時教育審議会第二次答申 「学校は憲法、教育基本法等に規定されている父母、児童・生徒の教育上の諸権利の尊重に努めなければならない。学校は地域社会や父母・家庭に対してもっと開かれた学校運営を行うよう努力し、児童・生徒の個性と人権を尊重する基本姿勢を確立し、学校への新鮮な風通しをよくすることが必要であろう」
一九九八年九月	中教審答申「今後の地方教育行政の在り方について」 説明責任に応じる手だてとして学校内部における自己評価の結果の公表 学校評議員制度化の契機　↓　二〇〇〇年度四月学校評議員の制度化 （二〇〇〇年一月学校教育法施行規則改正）
一九九九年五月	「行政機関の保有する情報の公開に関する法律」制定
二〇〇〇年	教育改革国民会議　「21世紀教育新生プラン」提案
二〇〇二年	学校設置基準改定・新設…「学校評価」の法制化 学校設置基準第４条「高等学校は、その教育水準の向上を図り、当該高等学校目的を実現するため、当該高等学校の教育活動その他の学校運営状況について自ら点検を行い、その結果を公表するよう努めるものとする。」　↓　努力規程 評価項目として「学校の教育目標、教育課程、学習指導、生徒指導、進路指導等の教育活動状況及び成果、校務分掌の組織運営等」
二〇〇四年三月	中教審答申「今後の学校運営の在り方について」 学校運営において保護者や地域住民の参画を推進することによって特色ある学校づくりをすすめることが必要　↓　評議員制度の枠組みを超えてより積極的な学校運営に関わることができるような新しい仕組み　↓　保護者・地域住民が一定の権限と責任をもって運営に参加する「新しいタイプの公立学校」　↓ 「地域運営学校」（制度的に導入、あくまで教育委員会の管理下） 教育改革国民会議「コミュニティスクール」 （住民の発意により設置、教育委員会の管理の枠外）

二〇〇五年一月	中教審教育制度分科会地方教育行政部会「地方分権時代における教育委員会の在り方について」
	「学校評価は、教職員による自己評価が基本となるが、それに加えて生徒や保護者、地域住民、更には専門家など外部から評価を行うことも、教育活動の改善に有効であり、学校の自己評価の向上にもつながると考えられる。」
二〇〇六年一二月	教育基本法「改正」　文部科学省に「学校評価の推進に関する調査研究協力者会議」設置
二〇〇七年五月	教育再生会議第二次報告 「第三者評価」の導入を盛り込む
二〇〇八年	第三者評価制度の導入

い運営の指針』（以下『運営の指針』）に読み取れるのではないでしょうか。学校評価の本来の目的はどうあるべきなのか、戦後の改革で当時の文部省が目指していた学校評価のあり方を、次の節でふりかえってみたいと思います。

二、戦後教育における「学校評価」と「参加」の原点

三羽光彦氏は、『今、読む『新制中学校新制高等学校望ましい運営の指針』』（民主教育研究所二〇〇二）で、次のように述べています。

「戦後改革の過程においては学校評価制度の構想が浮上していたが、結局文部省が難色を示し、中等教育段階での組織的な学校評価制度は実現しなかった。そのかわりに、個々の学校や教育委員会において自主的な自己評価を行う事が推奨された。―中略―ただし、今日の自己評価は、とりとめのない

学校の自由化を背景として進められている点で、『運営の指針』の示した学校評価とは微妙に異なっている。『運営の指針』では、各学校の教育の自由を尊重しながらも、現代の中等教育としての国民的教養や教育活動、そしてそれにふさわしい学校運営や管理のあり方と結合させて学校評価の重要性が説かれている。いいかえれば、新たな中等教育のエッセンスの創造を展望した学校評価の推進であった。今日の学校の自由化が教育の市場化を促進し、知性や教養のポピュリズムや弱肉強食をもたらせば、今日の一連の改革は、国民的規模での社会・文化的な衰退につながる可能性も否定できない。学校評価は、中学校と高等学校を含めた中等教育の現代的・国民的な内容を模索する視点とともに実施される必要があろう。」

この文章には、学校評価が制度化された今、学校の中での教育活動や学校運営について示唆を与えてくれています。

また、同書で堀尾輝久氏は、「学校の課題を立てるためには校長も教師も生徒もその土地の人々もこれに参加することが必要」、「学校は生徒を民主主義的生活に参加するように教育しているかどうか、といった視点からの吟味が不可欠」と述べ、戦前の教育を払拭し敗戦から国民が立ち直るためにどのような教育が求められるか、その原点に生徒参加、地域社会の参加の必要があり、そのことによって民主主義的生活に参加する教育が営まれると問題提起しています。同時に、貧しい者にも教育が広く行き渡るように、「公教育の在り方」を方向づけていることに着目しています。

さらに堀尾氏は、「『生徒参与』は、生徒が『自治権』をもつからでなくそれが学校の主要目的を達成する唯一の方法であること、生徒はよい教育をうける権利をもっており、よい教育は学校の事柄に生徒を参加させることを含む」からだと述べ、「生徒参与」を権利と捉えています。「『学校教育の評価』には、生徒も参加して設定する『学校目標』及び『教育課程の編成』との関連でその達成を評価することの重要性が指摘されている」としており、生徒が学校教育の当事者として主体的に学校目標、教育課程の編成に参加することで、達成を評価できると指摘しています。

ここに、現在導入されている「学校評価」制度を、学校現場でどのように組み換えていくかのヒントがあるのではないでしょうか。

『運営の指針』の「第二十　学校教育の評価」の冒頭で、文部省は次のような項目を示しています。

1、学校の教職員は、評価することの必要性を理解しているかどうか。
2、教職員は、過去における評価計画の欠点を理解しているかどうか。
3、教職員は、すぐれた評価計画とはどのような特質をもつものであるかを理解しているかどうか。
4、学校は、適切な、評価の方法を用いているかどうか。
（筆者註　この4の中にはとくに有用なものの一つとして自己評価法をあげている。）
5、学校は、生徒の累積記録をその評価計画の一部として用いているかどうか。
6、学校は、評点法について改良された方法を用いているかどうか。
7、学校は、生徒の進歩状態について両親に適切な報告をしているかどうか。

以上のことから、当時の文部省は新制中学校新制高等学校の発足にあたって、学校の教育目標や方針を立てるなど、学校経営には生徒・保護者・地域住民の参加が不可欠であることを理念として描き、具体的な実践方法まで例示していたことがわかります。また、学校評価についても、現在マネジメントサイクルで描かれている計画（Plan）→実行（Do）→総括（Check）→改善（Action）の原型が見て取れます。

三、埼玉県の「学校自己評価システム」の特徴

⑴ 埼玉県の「学校自己評価システム」の目的・意義

さて、二〇〇二年に学校設置基準が改定され、「学校評価」が法制化されました。それを受けて、埼玉県でも教育委員会の中に調査検討委員会が設けられ、制度化に向けた準備が始められました。その中間報告が二〇〇三年度に出され、二〇〇四年度から研究推進校による試行が開始されました。研究推進校に指定されたのは八校で、埼玉県の東部、西部、南部、北部の地域から選ばれています。また学校の特徴は、いわゆる「進学校」、進路が多様な平均的な学力の高校、課題を抱える高校、職業・総合技術系の高校、障害児学校という形に分けられます。後で述べますが、私が在籍していた草加東高は、東部地区の平均的な全日制普通科校として研究推進校に指定されたと考えられます。

埼玉県の「学校自己評価システム」は、「学校の教育活動や組織を活性化し、学校全体の教育力を

高め、保護者や県民の信頼と期待に応える学校づくりを進めるためには、各学校が生徒の状況、教育課程、学校運営の進め方について幅広い角度から点検し、積極的に評価を実施することが重要である」、と制度設計されました（埼玉県学校評価システム調査検討委員会「学校評価システム調査検討に関する報告」二〇〇三年三月より）。

従ってその目的を、校長を始めとする教職員が、生徒・保護者や地域とともに、様々な教育活動について評価するシステムを学校内に確立することで、より一層の学校運営の改善や教育活動の充実を図ることにおいています。

また、「学校自己評価システム」を、教職員間を結び学校と保護者や地域をつなぐ、コミュニケーションツールと捉えています。その特徴は、「学校自己評価システム」の意義を、保護者や地域と連携した「開かれた学校づくり」としていることです。

（2）「学校評価懇話会（県仮称）」への生徒参加──四者協議会の礎──

埼玉県では、「学校自己評価システム」をコミュニケーションツールとして機能させるために、「学校評価懇話会（県仮称）」の設置を次のように定めました。この「学校評価懇話会」に各校の判断で生徒参加が位置づけられていることが、大きな特徴になっています。各学校が実情に合わせて四者協議会に踏み出せる礎になります。

図１ 埼玉県教育委員会「学校自己評価システムの手引き」2005より

（学校自己評価を推進する組織づくり）

学校自己評価システムが機能するよう、学校の組織を整備する。

（県立学校の例を示します。）

学校評価懇話会（仮称）
［主な役割］
▽学校に対する意見具申
▽目指す学校像の検討・意見
▽評価項目の検討・意見
▽報告に基づく評価の実施
［委員構成例※］
・保護者代表・生徒代表・校長（学校代表）
・地域代表・有識者など

評価 意見 ↓　　↑ 学校運営状況の報告

評価運営委員会（仮称）
［主な役割］
▽学校自己評価システムの運営
▽評価結果に基づく改善の推進
▽学校評価懇話会の事務局
［委員構成例］
・校長・教頭・事務（局・部・室）長・校長の指定する教職員

情報発信 →　地域住民　小・中学校　保護者　生徒
意見聴取 ←

＊学校の状況により、評価の運営組織として機能するのであれば、評価運営委員会を既存の校内組織で代替することも可能である。

※学校評価懇話会（仮称）の委員と学校評議員との関係
　学校評議員制度を導入している場合、保護者、地域代表、有識者などが学校評議員に委嘱されています。この制度を学校自己評価システムにおける学校評価にも積極的に活用していくことが学校運営上望ましいものです。
（「学校自己評価システムに関するQ&A」中Q５参照）

（3）評価項目と評価領域

埼玉県の「学校自己評価システム」の手引きでは、「学校の実情に応じた適切な評価項目・評価指標を設定すること」としています。これは、例えば東京のように、共通の評価項目を設け各学校が一斉に同じ方向を目指して教育活動を行うことを規程していません。自校の実情から出発し、課題の改善に結びつくことや、保護者や地域の信頼に結びつくことを評価の項目や観点にします。その上で、どの学校でも取り組む必要がある「授業改善の取組」と「開かれた学校づくりの推進」を共通の評価項目に設定しています。この評価項目の設定は、各学校の自主性が尊重される、一九四九年に発行された文部省の『望ましい運営の指針』を生かせる制度設計になっているといえます。

（4）「子どもの権利条約」と子どもの「参加」の権利

今まで述べたように、埼玉県の「学校自己評価システム」の設置組織である「学校評価懇話会」に、生徒の参加が位置づけられていることから、子どもの「参加」について少し触れてみたいと思います。「子どもの参加の権利」という考え方が、国際的に初めて表明されたのはユニセフ・ＤＣＩ共同作成『ブリーフィングキット』（「未来の国連・子どもの権利条約」一九八七年一一月）でした。一九八九年には、国連で「子どもの権利条約」が採択され、日本は一九九四年四月に条約批准書を国連事務総長に寄託し、世界第一五八番目の締約国となりました。

「子どもの権利条約」の国連での採択、日本政府の批准を機に「意見表明権」や「自己決定権」などの子どもの権利や参加が国内でも論じられてきましたが、具体的な試みは遅れています。「子どもの参加」の研究では、喜田明人が次のように述べています。[*1]

「すなわち、『子どもの権利としての参加』について、大人のイニシアチブによって成り立っている現代社会の『変革』『発展』をもたらす『子ども参加』は、その社会の決定システムの参加すなわち〈権利としての参加〉を志向するものであり、特に子どもの意志を現代社会を構成する市民（パートナー）の意思として対等に位置づけ、『共同決定』『共同責任』をになう形態（子どもと大人のパートナーシップ）にまで高めていくことがもとめられている。」

子どもの「参加」が現代社会を「変革」「発展」させる力と捉えていることは、これまでの日本のいわゆる動員型の清掃活動のような「社会奉仕型子ども参加」と違った新しい視点でしょう。

吉田里江は「いまだ子どもを、社会を構成する主体としてみなすところまで土壌が成熟していない日本では、『子どもの参画』は理論的正当性があるものの、具体的なプログラムの一般化までには時間を要するであろう。」と述べています。[*2] R・ハートは「公立学校のシステムを通して子どもや青年のコミュニティ参画を促そうという、国をあげての試みはほとんどない。」[*3]と指摘しています。

二〇〇九年の政権交代後も、政府・文部科学省は積極的には「子どもの権利条約」の普及・実現のための政策を具体化していません。

二〇一〇年五月には、第三回政府報告書に対して、ＮＧＯ「私たちの報告書をつくる会」がジュネーヴの国連本部に行き、子どもの権利が確立していない日本の実態を訴えました。

【註】

＊1　喜田明人・坪井由実・林量俶・増山均編『子どもの参加の権利』三省堂、一九九六年

＊2　子どもの参画情報センター編『子ども・若者の参画』（九五頁）萌文社、二〇〇二年

＊3　ロジャー・ハート著　ＩＰＡ日本支部訳『子どもの参画』萌文社、二〇〇〇年

第二章　草加東高校と学校自己評価システム

一、埼玉県立草加東高校の成り立ち

埼玉県は一九七二年に畑和《はたやわら》革新県政が誕生しました。その頃は、第二次ベビーブームと高校進学率の上昇が相俟って、中学卒業生の総数が高校の募集定員枠からはみ出してしまい、高校に行きたくてもなかなか行けないという状況がありました。県民の切実な願いとして、県内各地で父母・住民の高校増設運動が起こり、畑県政は「十五の春は泣かせない」と、一九七〇年代から一九八〇年代には県立高校が八八校誕生しました。

こうした中で埼玉県立草加東高校は、一九八〇年に草加市内の三番目の全日制普通科高校としてスタートを切りました。地主さんたちが、「地元に公立高校を」と協力してくださり、校地面積は十分な広さがあります。草加市の北東部に位置し、越谷市、吉川町（当時）、三郷市、八潮市に隣接し、当時は最寄り駅からは徒歩四〇分かかるという立地条件から、自転車で通学する生徒が九〇％以上でした。ほとんどの生徒が自転車通学ですから、草加市内からの通学者が多く、その割合はどの学年もだいたい三〇％後半ぐらいでした。周囲は田んぼが広がり、県の身体・障がい者療養施設の光生園、市の知的障がい者通所授産施設のつばさの森などの福祉施設があり、田園風景が広がる環境です。

開校当初の学校づくりの地道な努力によって、生徒はまじめに学習や部活動に取り組み、地域からは「草加東高に行けば、大学進学ができる。全日制普通科高としてそういう希望を持たせてくれる、親として最後の砦の学校」という期待も寄せられていました。生徒急増期には一学年一一クラス編成だった時もありますが、現在は一学年七クラス編成になっています。

創立一〇周年には、あまり評判が芳しくなった制服について、生徒からデザインを募集し生徒自らの手でファッションショーを行い、新たに制定しました。このような取り組みは、地域から好意的に見られていました。

教育活動も一つずつ積み重ね、一年の五月に実施される遠足では、観光になりがちだった内容を、クラスの人間関係づくりを重視し、飯ごう炊飯やレクリエーションなどの集団野外活動を取り入れました。修学旅行では広島、長崎や沖縄を目的地として選び、平和学習を大事にしていました。事前学習にも積極的に取り組み、被爆者や沖縄戦ひめゆり部隊の生き残りでいらっしゃる与那覇百子さんに何度も講演に来ていただきました。総合的な学習でも、学年ごとに一年は「環境・人権」、二年は「平和・人権」、三年は「進路・人権」などとテーマを決め、クラスの枠を超えてユニットをつくり、調べ学習やプレゼンテーションなどに取り組んでいました。生徒会行事では、新入生歓迎会、文化祭、予餞会などでバンドやダンスのオーディションがあり、生徒の自治的な活動や表現する場も大切にされています。

しかし、一九九〇年代後半頃から、高校生をターゲットにした消費文化やサブカルチャーが本校生にもジワジワ広がり、茶髪や腰パン、ルーズソックスの生徒などが目立つようになってきました。地域の中学校を訪問すると、「生徒指導はちゃんとやっているのか」という厳しいご意見をいただくこともありました。

こうした中で、草加市内から進学する生徒が徐々に減少し、二〇〇二年度には在学生の三〇％を切ってしまいました。その結果、入試では１・００倍を超えるかどうかギリギリの状況が数年続きました。

二〇〇二年度に着任した澤田校長は、「『地域から信頼される学校』は、草加東高の大きな課題。そのためには、市内中学校から草加東高へ沢山進学してもらう必要がある。」という意識をもち、職員会議などで積極的にこれらの点を問題提起していました。

二、草加東高校への「学校自己評価システム」の導入

(1) 草加東高の「学校運営協力者会（準学校評議員会）」

まず、草加東高の「学校自己評価システム」について論じる前に、「開かれた学校づくり」の取り組みの端緒となる、「学校運営協力者会」の設置から説明します。この「学校運営協力者会」が、後に導入される四者協議会（「学校評価連絡協議会」）に参加する評議員へと発展していくからです。

二〇〇二年度に着任した澤田校長は、「開かれた学校づくり」の取り組みとして、「学校評議員」制

度に準じた「学校運営協力者会」を作ることを構想していました。それは校長の教諭、管理職としての経験から、「学校で抱えている困難は、学校だけでは解決しない。学校を開いて学校の現状を理解してもらい、地域の意見を聞くことが大切」というコンセプトがあったからです。またここ数年、草加市内からの進学者が三〇％を切るという状況があり、開校当時の「地域に根ざした学校」という理念が試されている時期でもありました。そこで地域から信頼される開かれた学校をめざして、校長から校務委員会に[*1]「学校運営協力者会」の構想が諮問されました。ここでいう「学校運営協力者会」とは、県が定めた「学校評議員」として県に正式に申請し承認されたものでなく、草加東高が自主的に設置した組織ですが、意義は「学校評議員」と同じ性格を持たせ、「学校評議員」に準じた制度として校長が位置づけたものです。

校務委員会では、「学校・生徒にとって地域とは何か、意見を聞く対象としての地域代表はどうあるべきか」が論議されました。草加東高の教育に何が求められているのか意見を聞く「地域住民代表」として、どういう方に協力者になっていただくことが良いのか、生徒を中心に考えることにしました。まず一つ目に、市内からの進学者を増やして学校を活性化するために草加市民の理解・関心を高めたい、二つ目に卒業生を送り出す立場の中学校から、本校に望む教育活動に対する具体的な意見を聞く必要がある、三つ目に草加東高を卒業した後の進路先の地域関係者から、進路実現のために高校時代に何を学んでおくべきかなどのアドバイスを聞きたい、という視点で地域代表の選出を考えました。つまり、本校にとっての地域を草加市と考え、生徒の成長と発達を保障し、それを支えてくれる地域住民の枠組みを想定して、制度設計したのです。その結果、校務委員会で会則原案を次のように作成し、職員会議で協議しました。

埼玉県立草加東高等学校学校運営協力者会会則（案）［抜粋］

（目的）
第2条　本会は、本校が保護者や地域住民等の信頼に応え、家庭や地域社会と一体となって、生徒の健やかな成長を促進するとともに地域に開かれた特色ある学校づくりを一層推進していくことを目的とする。

（事業）
第3条　前条の目的を達成するために次のことを行う。
（1）保護者や地域住民の意向を把握・反映すること
（2）保護者や地域住民の協力を得ること
（3）保護者や地域住民に対して学校運営の状況を周知すること

（委員）
第4条　本会に次の委員を置く。
地元大学代表者
草加市教育委員会代表者
草加市立中学校長会代表者
地元施設・企業等代表者

本校保護者代表

地元中学校保護者代表

（委員の委嘱）

第５条　委員は草加東高等学校長が委嘱する。

（会議）

第７条　会議は草加東高等学校長が召集する。

本会則は平成一五年四月一日より施行する。

職員会議で協議された結果、第７条に「ただし、会議は原則として公開する。」という文言を付け加える意見が出され、了承されました。「開かれた学校づくり」では、教育活動の決定について教職員にもオープンにされる必要性が指摘してされています。草加東高では、校長が学校経営について「学校を開く」というビジョンを持った上で、トップダウンでなく校務委員会に諮問し、職員会議で了承するというプロセスを経、教職員がオープンに議論した結果「公開する」が付け加えられました。浦野東洋一氏は、開かれた学校づくりに取り組む際の心得として、「内に開かれないと学校は外に開かれない」、「相手の話をじっくり聞くこと」、「すべての当事者が対等であるというセンス」という三つの条件を挙げています（浦野東洋一著『学校改革と教師』一九九九年、同時代社）。

この職員会議で、教職員がどこまで「学校を開く」ことに対する理解を深めたかは議論の余地があるでしょうが、「学校が抱えている問題を、学校の中だけで解決しようと思っても限界がある。地域に学校を開いて意見を聞くことが、本校の課題改善に求められている」、ということは共通理解になりました。その背景には、ここ数年入学試験で志願者数が減少していたことがあります。従来から、教員は各学期最低一回は必ず中学校訪問を行っており、様々な要望や指摘を受けていたので、地域が草加東高に対してどのようなことを期待しているか、まず高校の方から「聞く」姿勢があることを積極的にアピールする必要があったからです。

二〇〇二年度に、この「学校運営協力者会議」会則が職員会議で了承され、二〇〇三年度になってから、それぞれの委員に委嘱する手続きを行いました。委嘱を終え、保護者、地域代表参加の第一回学校運営協力者会が行われたのは、二〇〇三年一一月五日でした。

以上のように職員会議で「学校運営協力者会議」について協議したことが、次の「学校自己評価システム」研究推進校導入にあたって、教職員の合意づくりの出発点となっていきました。

なお、草加東高の「学校運営協力者会議」については、二〇〇四年度県に「学校評議員」制度として申請し、承認されました。

【註】

＊1　教職員の互選により六名選出され、分掌、教科各種委員会が所管する以外の学校全体に渡る事項や予算、校内人事の調整等を行う。

(2)「学校自己評価システム」の研究推進校としてのスタート

①研究推進校を受けるか否か？

二〇〇二年度末に、埼玉県教育委員会から校長に、「学校自己評価」システムについて二年間の研究推進校委嘱の打診があり、受けるかどうか職員会議に諮られました。冒頭に校長から埼玉県の「学校自己評価システム」について説明があり、教職員からは下記のような意見が出されました。

○現在学校は大変多忙化しているのに、さらに多忙になる。
○なんのための学校評価なのか、その目的がよく分からないのに実施することには不安がある。
○なぜ本校が推進校にならなければならないのか、その理由が分からない。
○これからは東京のように、目標管理型の学校運営をしなくてはならない。〈CS〈Customer's Satisfactoin〉〉を高める必要がある。先生方、これからは大変になりますよ。
○学校は本来、生徒にとって成長・発達を保障し、人格を形成する場でなくてはならない。保護者は学校づくりのパートナーであって、「顧客（CS）」という考え方はなじまない。生徒・保護者・地域住民が参加し、学校の教育力を高めるという視点は、今後必要になってくるのではないか。

以上の論議を踏まえ、年度末には最終的に研究推進校を受けることになりました。校長の権限強化と職員会議の補助機関化が進む中で、このように議論されたことは、一応民主的な手続きが踏まれたといえるでしょう。その背景には、校長の「こういう課題は、教職員の理解と協力がなければ進めることができない。トップダウンではなくボトムアップだ。」という思いが滲み出ていました。しかし、インフォーマルな場で教職員の一部に、「県教委から言われたら、受けざるを得ないだろう。校長は最終的にそう判断するだろう」というあきらめがあったことも否めない事実です。そうした中でも、職員会議で議論したことを通して、「学校評価」をＮＰＭ（New publick Manejiment）の観点からだけでなく、「学校の教育力を高める」という視点からも論議され、我々教職員は一方的に評価される側に立たされるのではない、という理解は広がりました。このことは、その後の学校自己評価システムを創りあげていく際に、教育的観点が根付くきっかけとなりました。

②学校自己評価システム運営委員会の設立

二〇〇三年度になり、「学校自己評価」システムを研究推進するための校内委員会を設立することになり、校長からその所掌事項や体制が校務委員会に諮問されました。校務委員会では、埼玉県の学校自己評価システムの目的と草加東高の実態を反映させるため、次のように原案を作成し、職員会議に諮り了承されました。

埼玉県立草加東高等学校　学校評価システム運営委員会規程（抜粋）

1、本会は、学校評価システム運営委員会（以下「委員会」という）と称し、学校評価に関する事項について審議し、職員会議に提案する。

2、委員会は学校評価連絡協議会の事務局を兼ねる。
3、委員会は教頭、事務長、教務部・生徒指導部・進路指導部・渉外部・生徒会部から各一名の代表と、希望する者で構成する。

（筆者註「学校評価連絡協議会」は、県仮称の「学校評価懇話会」）

この委員会は、四者協議会になる「学校評価連絡協議会」を実施する事務局としての役割を果たします。委員の構成は、先に述べた「学校運営協力者会議」の議論がベースとなりました。つまり、地域住民の代表として地元企業・大学、地元市教委・中学校長・ＰＴＡ代表を委嘱するならば、それと関連する分掌の代表者が学校とのパイプ役として委員になることが必要であるということになったのです。

そこで管理職の他に、分掌としては生徒指導部・進路指導部・渉外部・生徒会部の代表が構成員となりました。ここで、「分掌主任」でなく「代表」と明記したのは、主任の負担を軽減するためです。まず校務委員会では、『代表』と言えば何でも主任が引き受けるのでは、特定の教員に負担がかかってしまう。そうならないように配慮をしよう。」という合意がありました。そこで、主任に限定せず、分掌の「代表」が運営委員になることにしました。

また所轄事項では、この運営委員会は「学校評価に関する事項を審議し職員会議に提案」し、「学校評価連絡協議会」の事務局を兼ねるという性格から、学校目標の原案を作成するにはふさわしくない、という議論もありました。ＰＤＣＡサイクルを確立していく機関が、学校目標の原案づくりをすることまで権限を持っていいのか、またそこまで責任を果たす義務を負うことが適切なのかが議論されました。その結果、学校教育目標の原案を作成するのは、教職員の互選で選出される校務委員会が行うことになりました。

さらに、規程の3にあるように、委員会の構成員として「希望する者」が入れられた経緯は、管理職が「学校評価に積極的に関わりたい意志がある教職員には、力を貸してもらいたい」という意向がありました。これは選出母体を特定の分掌に限らないこと、また希望があった場合一つの分掌から複数の人が委員になれることなど、教職員に「開かれた」システムになったといえるでしょう。私は渉外部代表として、この委員会に加わりました。

③保護者への説明

二〇〇三年度五月のＰＴＡ理事会で、校長から草加東高が「学校自己評価システム」の研究推進校に指定されたこと、「学校自己評価システム」とは何か、について説明され、続く五月のＰＴＡ総会でも参加者に説明が行われました。七月には従来から行われている学年保護者会で、本校独自の「学校自己評価システム」の保護者用資料が配布され、説明を行いました。

保護者にとっては、「学校自己評価システム」という言葉は聞き慣れないものであり、特に質問などは出されませんでした。しかし、制度設計する前に学校がきちんと保護者に説明した、ということが保護者参加の第一歩であったと思います。

(3) 校内研修

二〇〇三年度に本校が「学校自己評価システム」の研究推進校に指定され、学校評価システム運営委員会がまず考えたのは、「学校評価って何？　それから考えてみよう」と、研修会を職員会議へ提案することでした。二年間にわたって行われた研修会は次の通りです。

表２　校内研修会一覧

		研修内容・演題・講師など
第一回	〇三年四月	校長から「学校自己評価システムへの取り組み」について説明
第二回	六月	講師　国立教育政策研究所木岡一明氏 演題　「学校自己評価システムを創る：学校組織開発に向けて」
第三回	〇四年二月	「学校自己評価システムに沿っての教育活動のまとめと次年度への取組について」
第四回	〇四年六月	「保護者・地域に開かれた学校づくり」シンポジウム シンポジスト　浦野東洋一氏（帝京大学） 勝野正章氏（東京大学） 今井洋氏（埼玉県立鶴ヶ島高校教諭）
第五回	九月	「授業評価」（学校評価システム運営委員会授業評価班）
第六回	一〇月	「授業評価」（学校評価システム運営委員会授業評価班）
第七回	〇五年二月	「学校自己評価シートへの取組」（学校評価システム運営委員会）

①木岡一明氏の研修会

二〇〇三年六月に行われた、第二回研修会で木岡一明氏は次のような講演を行いました（参考資料

「学校自己評価システムを創る：学校組織開発に向けて」レジュメより）。この研修会は、他の研究推進校にも案内が出され、公開で行われました。

教育改革国民会議の一七の提案（平成一二年一二月）や中央教育審議会答申「今後の教員免許制度の在り方について」（平成一四年二月）には、「学校、特に公立学校は、努力しなくてもそのままになりがちで、内からの改革がしにくい。」また、「現行体制のまま校長の権限を強くしても大きな効果は期待できない。」「各々の学校の特徴を出すという観点から、外部評価を含む学校の評価制度を導入し、評価結果は親や地域と共有し、学校の改善につなげる」と述べられている。

また、中央教育審議会答申「今後の教員免許制度の在り方について」（平成一四年二月）では、「今後公開授業の実施など、保護者や地域住民とのコミュニケーションの拡充を図ることを通じて、教員個々の力量や学校としての取組が日常的に外からの評価を受けることになり、良い意味での競争原理が働き、力量ある教員やしっかりした取組をしている学校は、その意欲と努力が外からも評価されることになろう。」と述べられている。

つまり、「学校の正当性」が疑われているのである。教育消費者の需要（市場の声）に耳を傾けその教育要求に応えていくことが、これからの学校の生き残りの道筋であり、「市場の声」が学校のあり方を基本的に方向付けるとするならば、教職の専門性に対する見直しを喚起する。

ただ「特色づくり」、「開かれた学校づくり」のために学校評価を実施すればよい、受ければ良いという安直な姿勢では、「多元的で多様な物差し」による評価結果を突きつけられて、学校は右往左往することになってしまう。何のための学校評価か、その目的を見失っては形骸化し学校の教育活動が混乱する。

家庭・地域に対しても連携を求める声は強い。しかし家庭や地域から十分な協力が得られるなら学校がここまで深刻な事態に陥らなかったはずである。むしろこの事実を認め、家庭や地域の役割分担や協力関係を考えていくことが必要である。なぜ家庭や地域に余力がなくなったか、その原因を解き明かすことが求められるであろう。また、保護者・地域をコミュニケーションを図る対象と捉えるのみでは、学校を評価する主体としてそれぞれに何が求められているのかが明確にされていないといえるのではなかろうか。

これからの学校評価の在り方として、次の六点を挙げる。

①見かけを取り繕うことなかれ
②できる時に、できる所から始めよう
③めざす姿を明確にし達成感を得よう
④主観性を大切にしよう！（間主観性へ）
⑤納得と信頼を得るための公表を
⑥倦怠の組織文化の克服を！　　　学校組織開発へ！

この研修会について、二〇〇三年度県教育委員会への研究推進校としての草加東高校の中間報告（「県立草加東高等学校における学校自己評価システム実践事例（中間報告）」平成一六年一月二八日）

では、「講演後、学校自己評価への取組について、木岡氏への質問等がなされるが、戸惑いを感じたり、変革に対する不安を訴える意見が出された。」と記されています。

教職員が戸惑いや不安を感じた理由として以下のことが挙げられるでしょう。

○現職教員にとっては、自分の学校が「学校評価」の研究推進校になることによって、「評価される」側になることに対する戸惑い。

○すべての教職員が、「学校自己評価システム」導入に賛成とはいえない状況の中での、学校評価に対する不安が研修会で払拭できなかったこと。

○高校はある面では、保護者・生徒から「入試倍率」という形で「評価」されている。学校の問題は改善し努力しなければ、「統廃合」の対象となる危機感も教職員の中にはある。そうした実態がある中で、木岡氏の「特に公立校は、努力しなくてもそのままになりがち」という問題提起には、違和感があったこと。

○「良い意味での競争原理」という言葉に、「評価はやはり競争させられるものなのか」という疑問。

○「消費者の需要」「市場の声」という概念は教育現場になじまない、という戸惑い。

○「学校は正当性を疑われている」という敢えてセンセーショナルな問いかけに対して、木岡氏は「公教育」をどう定義するのか、という疑問。

短い質疑の時間では、理解を深めるまでには至りませんでしたが、教職員が「学校評価」を当事者として考えるきっかけになり、本校にとって具体化していかなければならない課題であることは、共通の認識になったといえます。一度の研修会で学校評価に対する教職員全員の理解が図れることを期待するのは無理があり、疑問が次々と出たことは「学校自己評価システム」のイメージづくりの端緒になりました。

この研修会は、他の研究推進校の教職員も傍聴参加しました。

②研修会　シンポジウム「保護者・地域に開かれた学校づくり」

学校評価システム運営委員会が、第四回目（二〇〇四年六月）の校内研修会をシンポジウム形式で開いた理由は、「開かれた学校づくり」とは一体何なのか、教職員のイメージを創るためです。研修会の趣旨は次のように書かれています。

「前年度の教職員アンケートから、教職員の学校評価連絡協議会に対する考え方にばらつきがあること、学校自己評価は教職員だけで取り組むものでなく生徒・保護者・地域と一体となって取り組むものであること、従ってこれからの連絡協議会の在り方や保護者・地域との関わり方について専門的な研究者の知見を聞き、他校の先行事例に学ぶために開催する。また、質疑・討論もしやすいようにシンポジウムとして実施する。」

このようなシンポジウムの開催は、学校単位ではなかなか実現できないことなので、研究推進校として案内を出し、当日は他校からの傍聴参加もありました。また、草加東高の学校自己評価と開かれた学校づくりに対する考え方を知ってもらうため、本校の評議員にも案内しました。

シンポジストは、浦野東洋一氏（帝京大）、勝野正章氏（東京大）、今井洋氏（県立鶴ヶ島高校）で、発言の概要は下記の通りです。

〔1〕浦野東洋一氏の「開かれた学校と公教育」論

子どもがより良く育つためには、親・生徒・教師・地域の「四分の一ずつの責任」がある。「学校を開く」ということは「保護者や地域の人々の積極的な参加や協力を求めていくこと」であり、中央教育審議会も同様のことを述べている。教育基本法（一九四七教育基本法）が学校というものを、公の性質を持つものと規定しており、三者あるいは四者協議会は学校の「公共性」を保障している。また、こうした協議会は子どもの意見表明権を保障すると同時に、その能力をトレーニングする機会となっており、地域の人々と関わり交流を続けることは、大きな教育的、社会的意味を持つ。

また子どもを中心に据えるということが徹底的に大切で、生徒を前に話しをすると、保護者や地域住民の発想の回路が変わって、提案型・発展型の議論になっていく。

「開かれた学校づくり」は、子どもの現実や教育課題についての情報と認識を学校の当事者が共有して、より良い学校・より良い教育を実現するために協力し合うことであるから、学校を開くと教師は「楽《らく》」になる。

最後に、学校を「内に開く」ことつまり「同僚性」の形成に本気で取り組むことも、今日特に重要である。職場の同僚が互いに相談し相談される、教える教えられる、励ます励まされる人間関係を築くことが大切である。

浦野氏は、競争原理・市場原理から「開かれた学校」を論じるのでなく、子どもの成長・発達の観点から親・生徒・教職員・地域のそれぞれの責任を明確にし、四者を教育の当事者と捉えていました。また、公教育の「公」のあり方を公園の「公」にたとえて、みんなでつくるものという概念を提示し、参加者はイメージを描きやすくなりました。

教職員は、学校を開くと次々にいろいろな立場から、様々な要求されるのではないか、と捉えがちでした。しかし、「より良い教育のために協力し合う」という実践的な論法は教職員への納得が得やすく、「学校を開くと教師は楽になる」という言葉には、何かホッとするものがありました。職場の多忙化で、ともすれば失われがちである人間関係について示唆に富み、今後の「学校自己評価システム」を構築していく上で、重要な視点になりました。「子どもを中心に据え」「生徒を前に話しをすると、保護者や地域住民の発想の回路が変わる」という論点は、その後草加東高の四者協議会（学校評価連絡協議会）にあてはまっていきました。

〔2〕勝野正章氏の「開かれた学校」と「コミュニケーションツール」としての学校評価

全国的に学校自己評価がスタートしているが、各学校でどのように受け止められているか。一つは学校現場は非常に忙しいので「大変になる」という思いが強い。それから教職員の中に「今まで学校評価はまったくやってこなかったわけではなく、総括だとか反省だとかはやってきた」という意識がある。しかしその一方で、学校の外からは、せっかくやってもそれが次年度からの教育活動をよくすることにつながってこなかったという批判がある。またこれまでの総括や反省が、学校の中、教職員だけの閉じられた中でやってきているという批判もある。

教職員の中には、評価が学校のランク付け、教職員の人事考課につながるのではないかという不安や、「学校の存在意義」はもうどこかで決まっていて、自主的な学校評価・学校づくりが出来るようには思えないというあきらめもある。

その上で、今学校には様々な問題があるが、それが学校だけ、先生だけの力で解決しようとしてもうまくいかなくなっており、そこで「開かれた学校づくり」や、保護者や地域の人たちと一緒に学校をつくるという発想が出てきている。数値目標・数値評価にはメリット・デメリットがある。

埼玉県教委が平成一五年三月に出した「学校評価システム調査検討に関する報告」があるが、その中に「学校自己評価の目的」として、「教職員間をむすび、学校と保護者や地域をつなぐ『コミュニケーションツール』」という表現がある。これは学校評価のあり方を非常にいい方向で導いてくれる考え方である。この観点は、「学校自己評価」そのものが目的化することに注意を払う必要を示唆している。「学校自己評価」は、学校の様々な問題を解決していくためのコミュニケーションツールである点を明確にしている。

さらに、アンケートを一つのきっかけにして授業をどのようにいいものにしていくかは「対話」というコミュニケーションから授業改善が生まれるのだと思うし、またこういった学校評価をきっかけとして教職員間のコミュニケーションも図れるのではないか。最後に、分掌や委員会、学年、教科などで学校自己評価の表を作成して、それを練る形で全体の学校評価にするところが多いと思うが、結果にあまりこだわるのではなく、その過程で授業論や子ども論・教科論というものを議論することが大切である。

勝野氏の以上の論点整理は、「学校自己評価」導入に対して危惧や不安を抱いている教職員にとって、日常の教育活動の中にこそ学校自己評価があり、教職員間のコミュニーケーションの大切さが学校づくりで欠かせないことを明らかにしました。また、分掌や学年・教科などの既存の校内組織で、集団で論議し、授業論や高校生の発達をオープンに語って学校の教育活動づくりをしていくことが、学校の抱える問題解決につながることを理解できました。

〔3〕埼玉県立鶴ヶ島高校今井洋氏――「開かれた学校づくり」で生徒が元気になった

鶴ヶ島高へ四年前に異動してきたが、生徒指導上で困難を抱える学校だった。何とかしなくてはと考える教員も少なくなかったが、教員のがんばりだけでは何ともならない。そのような状況にある時、鶴ヶ島の小中学校と高校との連携を重視する鶴ヶ島市の教育長と懇談する機会ができ、意見交換を継続的にすることになった。その中から鶴ヶ島高校創造委員会を立ち上げ、昨年、生徒・保護者・地域住民参加のシンポジウムを開催した。そこで「鶴ヶ島高に来て良かったという生徒がいる」など、学校での姿とは違った生徒の一面が地域の人々や保護者から語られ、そこに参加していた教員は励まされた。また新聞が文化祭を取り上げてくれたり、市教育委員会などが「文化祭がありますよ」、と地元の人に呼びかけてくれ、参加者が前年の倍以上に増えた。生徒は非常に喜び元気になった。こうした取り組みを通じて、鶴高では市内から来る生徒が増えた。

浦野氏が指摘した通り、生徒を目の前にすると保護者・地域の発想の回路が変わる、ということが今井教諭の実践発表からも明らかになりました。困難を抱えていた学校と生徒の具体的な変化が語られ、教職員にとって生徒・保護者・地域が参加することの実際的なイメージが浮かび上がりました。生徒が元気になっただけでなく、地域から教職員が励まされたという点は、まさに「学校を開くと楽になる」実例でした。

新たな教育政策が学校現場に導入される時、研究者と学校のこのような共同は非常に重要でした。理論的な裏付けがあってこそ、実践に踏み出せる勇気が湧き、本校での「学校自己評価システム」のフレームづくりに役立ちました。その一方、全教職員が同じように理解できたかは議論が分かれるかもしれません。「学校評価」に対して多忙化を助長するという懐疑的な見方や、やりたい管理職と一部の教員が進めているのであって自分は関係ない、という捉え方をしている教職員が存在したことも否定できないでしょう。

しかし、浦野氏はその後、「野球で三割バッターだったら大したもの。教職員が一〇〇％理解し参加しなければダメという発想でなく、やれる人、つまり教職員でも生徒でも保護者でも、やれる人から始めていけばよい。」と付け加えて励ましてくださいました。導入当初から、一〇〇％の教職員が理解することにエネルギーを集中しなくてもよいことが分かり、肩の荷が軽くなりました。教員は、生徒全員が理解することを目指して指導しているので、教職員も全員が理解することを目指しがちです。しかし、そこを無理せず失敗も含めてやっていく中で、改善しながら理解と協力を得ていくことが大切であることが分かりました。

(3)草加東高におけるＰＤＣＡサイクルの確立

①学校自己評価システム運営委員会での計画策定

本校で「学校自己評価システム」を導入するにあたり、計画（Plan）、実施（Do）、総括（Check）、改善（Action）サイクルをどのように確立するか、学校評価システム運営委員会で、方針を次のように検討しました。

（１）草加東高の課題を明確にするために、研究推進校に指定された二〇〇三年度の学校目標、各分掌、学年の重点目標の中間総括を行い、校務委員会が毎年行っている総括アンケートとリンクさせて研修会を実施する。

（２）「学習指導」「生活指導」「進路指導」「特別活動」の四領域に絞り、草加東高が良くできていると思うこと、改善が必要だと思うことについて教職員に記述式のアンケートを実施し、課題を明確にする。

（３）それらによって、草加東高の実態にあった評価シートを作成する。

（４）生徒・保護者に草加東高校に対する満足度が把握できるアンケート調査を実施し、次年度への改善の資料にする。

この方針を次のように具体化しました。

②教職員による中間総括

既に定められている二〇〇三年度教育目標、重点目標についてどの程度達成できているかを参考にしながら、教職員で中間総括を行いました。ちなみに二〇〇三年度の教育目標・重点目標は次の通りです。教育目標については、創立当初に校訓とともに制定されたものを一部改定したまま、長年にわたって掲げていた状態でした。

〈教育目標〉
・知的興味を持ち、創造性に富む人間を育てる。
・健康でたくましく、活力に満ちた人間を育てる。
・強靱な意志力をもった自律性に富む人間を育てる。
・生命と自然を大切にする豊かな情操の人間を育てる。
・働くことのすばらしさを知る人間を育てる。

〈重点目標〉
・すべての生徒が進路希望を達成できるように、進路指導の一層の充実を図る。
・全職員の連携と協力のもとに、豊かな人間性を育てる生徒指導の充実を図る。
・生命尊重の精神を育み、交通安全教育の充実に努める。
・体力の一層の向上を図り、部活動のさらなる活性化に努める。
・人権教育の推進を図り、人権尊重の精神を養う。

・教育環境の整備と美化に努める。

教育とは「不易」の部分もあるため、毎年教育目標が変わる必要性もありませんが、これまでは毎年慣例で教育目標が踏襲されていた、というのが正直な実態でした。その時々の学校の実態から、教育目標を変える必要がないと判断されたのなら問題はありませんが、年度末総括が充分行われず、ただ踏襲されていたとしたら、学校が「硬直」しているという木岡氏の指摘も、もっともです。「学校自己評価システム」の導入によって、全教職員が学校の教育目標に照らし合わせて総括を行う、という原点に立ち返ることは、学校の活性化にとっても必要でした。

③教職員アンケートと開かれたグループ研修会

学校評価システム運営委員会が、アンケートを選択肢でなく記述式にした理由は、質問の項目によって学校自己評価システム運営委員会の意図がフィルターになってしまうと思われること、選択肢にすると回答が誘導的になってしまうこと、教職員に自由に書いてもらうことが学校の課題の明確化には大切であると判断されたからです。

回答の内容からは、教職員の問題意識は共通点がありつつも、二極に分かれることが明らかになりました。

例えば、学習指導では良くできている面として、「生徒の実態・能力に合わせて指導方法を工夫していこうという姿勢がある」、「学力不足の生徒の面倒を良く見ている」などが挙げられましたが、改善が必用な面では、「全生徒のやる気を起こせていない」、「学力の高い生徒を伸ばす指導が不足している」などと、授業の実態については教員によって両極に分かれることが回答から読み取れました。領域としては、学習指導に関わる記述が最も多く、教職員の専門性から授業に対する問題意識が顕在化しやすかったと思われます。アンケート結果からは、一人ひとりの前任校までの経験や教育観、生徒観などが表れているのではないかと感じられました。

この結果について、研修会をグループディスカッションで行いました。これまでの職員会議や研修会は、会議室の机を大きなロの字にして全体会で行っていましたが、どうしても特定の人だけが発言しがちになるので、八つの小グループに分かれ、誰でも自由に意見を言えるように、グループディスカッション形式を取り入れたのです。グループ分けは、年齢、教科、学年、性別などを考慮し、それらが偏らず、それぞれ意見が言いやすす雰囲気を作りました。

「生徒が学校の主人公なら、学校目標もきちんと生徒に知らせて、一緒にその目標に向かってやって行こう！と言うのが本来の学校ではないですか?」という体育の教員がいたり、「草加東は手のかかる子には面倒見がいいけど、勉強で頑張っている子への働きかけが弱いのでは?」と意見を述べる若手や、豊富な経験を語るベテランが入り乱れて発言が相次ぎ、活発に議論されました。議論は熱気を帯び、当初予定した時間をはるかにオーバーしてディスカッションを終え、全体で各グループごとの発表を聞き、現状と課題を共有しました。学年会や教務、生徒指導部、進路指導部などの分掌でも、生徒の状況について話し合われますが、学校としてトータルな形で生徒の現状や課題を、ここまで話し合える場はありませんでした。

学年や分掌が異なると、まったく話す機会がなかった人の教育観や生徒観に触れることができ、年代を超えて「考えていることは同じだったんだ」、「みんな草加東高をよくしたい、という思いは同じなんだ」と共感し合いました。こういう話し合いができれば、学校はよくなって行くのではないか、という熱気が感じられたのです。「学校自己評価システム」の導入をきっかけに、教育目標や重点目標にもう一度立ち返り、学校の課題の明確化をする必要があるという認識を教職員全体で共有できました。

④生徒・保護者への学校評価アンケートの作成・実施

埼玉県の「学校評価システム調査検討に関する報告」（埼玉県学校評価システム調査検討委員会発行、二〇〇三年三月）では、「目指す学校像（目標）に向けて改善を進めていくために、学校の現状について校内で話し合い共通理解を図ることはもとより、生徒、保護者、地域の三者がどのように学校を捉えているか把握することも、目指す学校像の明確化、課題の抽出、具体的な方策の立案を進めていく上で重要である」としています。

同報告は学校の課題整理・抽出の視点として生徒・保護者・地域は学校に何を求めるか、学校は生徒、保護者、地域に何が提供でき、何を提供すべきかを挙げています。また教育活動の実践のポイントとして、教育活動を実践する姿を保護者や地域に積極的に公開すること、教育活動の実践に保護者や地域の参加、協力を求めることを示しています。また、「生徒・保護者・地域へ結果を公表し、積極的に意見交換を行い、理解と協力を求め、ともに学校づくりに取り組む必要」を明記しており、「三者と教職員を合わせた四者が学校の課題を共有し相互の理解を深め、学校改善に向けた協働意識

（当事者意識）を醸成することに繋がる」と解説しています。これは各学校の実態をリアルに把握し、その学校にとって有効な改善策をとるために、校内の教職員だけでなく生徒・保護者・地域を学校づくりの主体として位置づけています。これまでの「学校評価」活動は学校の中だけで行われていましたが、課題や改善が見えにくかった部分が明らかになることよって、保護者、地域が本来持っているソーシャルキャピタルを活かすことにもつながります。

そこで草加東高でも、すべての生徒・保護者の意見を把握するために、運営委員会で両者に対する「学校評価アンケート」項目の検討に入りました。資料として、高知県立高知工業高校、北海道立富良野高校、滋賀県立瀬田工業高校や県内の学校自己評価システム研究推進校のアンケートなども参照し、本校の実態を把握し課題を明確化できる項目を絞り込んでいきました。留意点として、生徒や保護者が回答する際に、アンケート項目の意図が分かりやすいこと、過度な負担をかけないように選択肢を用意すること、項目にない事柄も書けるように自由記述欄も設けました。

また、生徒と保護者の草加東高に対する期待や課題について、質問の意図が一致するように配慮し、結果が比較できるようにしました。例えば、生徒には「あなたは学校に来るのが楽しいですか？」という質問に対して、保護者には「お子さんは学校に楽しく通っているようですか？」という表現をし、両者から確認できるように工夫をしました。

実施時期については、生徒からは一〇〇％アンケートが回収できるように二学期の期末考査最終日に行うことになりました。保護者へのアンケート方法は、回収率を高めプライバシーを保護するためには、家庭に往復書簡で郵送することも検討しました。そのための予算を出してみようという意見が出たところで、学校の予算を管理する事務長が、「予算は取れますが、生徒を信頼することにこそ、この学校評価システムに取り組む意義があるのではないですか？　生徒に大事なアンケートだからとよく説明をして保護者に手渡し、生徒自身に持ってきてもらうようにしたらどうですか？」と意見を述べました。教員の方が生徒を信じる力が足りなかったようです。事務長のこの一言に目から鱗が落ちる思いで一堂納得し、改めて学校評価とは結果が大切なのではなく、このような双方向性のやりとりが重要なのだと感じる一幕となりました。

そこで、生徒アンケートを実施した日に、家に帰って保護者にもアンケートを取る意義を十分説明するように生徒に依頼し、必ずアンケートをもらってくるように伝えました。プライバシーを保護するために、封筒で回収するように配慮しました。保護者には既に、夏休み中に行われた学年ＰＴＡで資料を配付し、草加東高が新たに学校評価システムを導入したことについては説明を行っていました。また、ＰＴＡの理事会ではその都度「学校自己評価システム」の進捗状況について報告を行っていました。

二〇〇三年度一二月の期末考査最終日に実施し、生徒はほぼ全員から回答を得ました。保護者からは、運営委員会の予想を超えて七五％の回収率となりました。中には一〇〇％回収できたクラスもありました。担任が熱意を込めて説明したクラスは、生徒・保護者が一体になって見事に期待に応えてくれたのです。この回収率の高さに教職員の生徒・保護者に対する信頼が高まり、学校評価システムを導入した意義を見いだすことができた思いがしました。

表3　学校評価生徒用アンケート①

1．学校に来るのが楽しいですか？

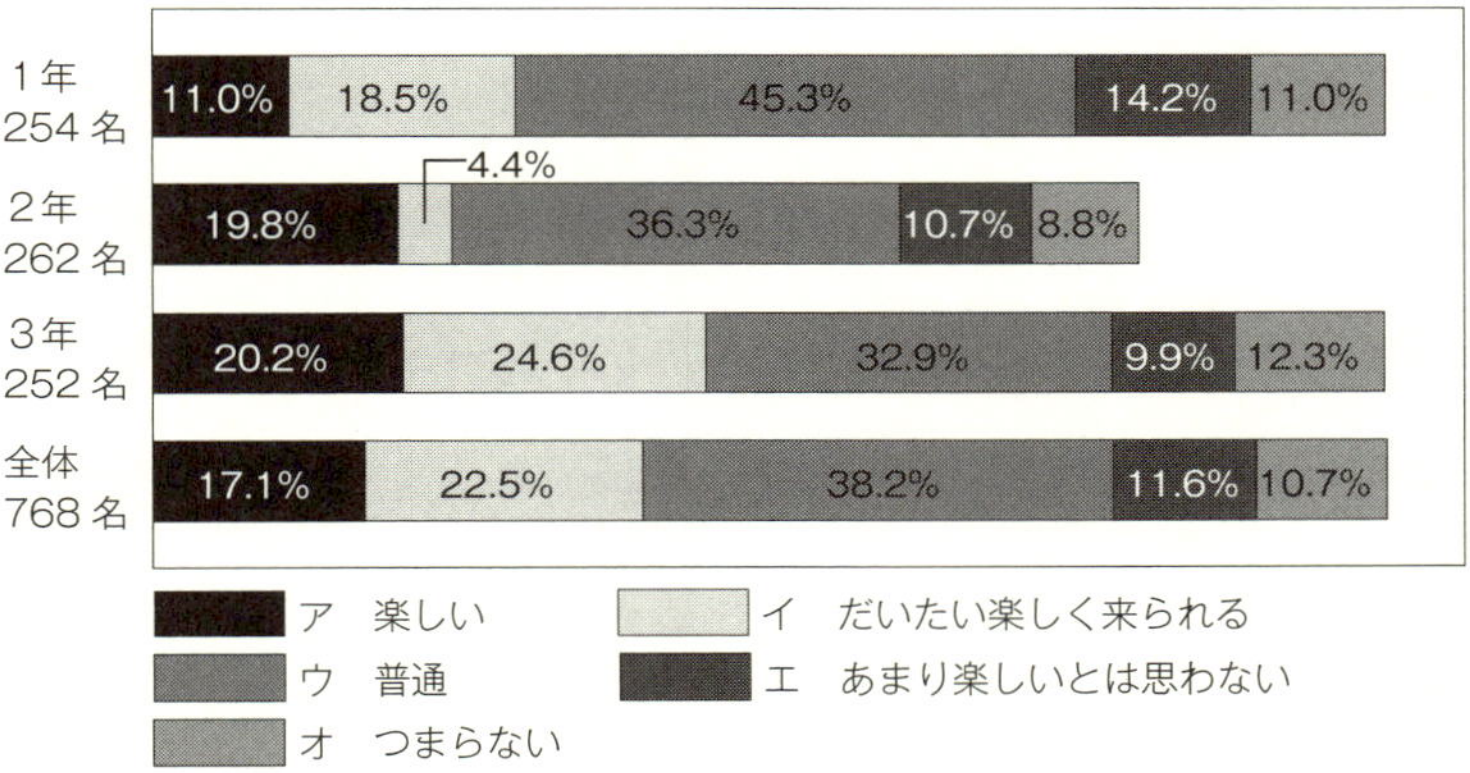

⑤アンケート結果の分析

運営委員会は、二〇〇三年一二月末からの冬期休業中にアンケート結果を集約し、三学期にその分析を行う作業に入りました。アンケート結果は次の資料の通りですが、現実に目の前にいる生徒と、アンケート結果から浮かび上がる生徒像がどのように結びつくのか、その分析に苦慮しました。

例えば、項目1の「学校に来るのが楽しいですか？」という問いに対する回答は、生徒の学校生活に対する満足度を、高いと見てよいのか低いとみるべきなのか、学年ごとの数値の表れ方をどう分析してよいのか戸惑ったのです。

「学校に来るのが楽しいですか？」という問いを五段階で回答してもらった結果、段階ごとの数値に目を奪われてしまったのです。ウの「普通」を基準にして考えてしまったため、ア「楽しい」イ「だいたい楽しく来られる」がそれぞれ約二五%から一〇%ぐらい、エ「あまり楽しいとは思わない」が一〇%前半ぐらいで、その差は狭く、オ「つまらない」は一〇%前後と捉えると、学校に対する生徒の「満足度」をどう考えたら良いか見当がつかなくなってしまいました。

このような状況に陥ってしまった時に、校長の要請で勝野正章氏に学校評価システム運営委員会に直接参加していただき、アドバイスを得ることができました。勝野氏は、この項目に着目し、次のように指摘しました。

『楽しい、だいたい楽しく来られる、普通』を合わせて、一年生は七四・八%、二年生は七七・七%、三年生は七七・八%になるという数値は、学校に対する満足度が高い。学年が上がるにつれて高くなっていることもその表れです。また、アンケートはあくまでツールであって、結果をどのように生かすかが大切なのです。」

勝野氏のアドバイスは、アンケートの数値だけに目を奪われるのでなく、分析の方法や、アンケートを改善に生かすという意味を教えてくださり、ホッと肩の力が抜けました。

運営委員の力だけでは、アンケートを分析する専門性が欠けていたのです。どういう視点をもって分析することが必要か、初めて理解することができました。校内の教職員は毎日生徒に接しているゆえに、その実態と数値のとらえ方が分からなくなってしまっていたのです。また、数値で表れた結果には客観性があるという「神話」にはまってしまったがゆえに、五段階をバラバラに見てしまったといえるでしょう。課題を明確にする分析の観点が改めて定まり、生徒・保護者アンケートの結果について運営委員会でさらに検討しました。

生徒の実態から、学校生活・特別活動・学習活動の領域にわたって評価アンケートの項目を設定し

表４　学校評価生徒用アンケート②

2．何をしているときに充実感を感じますか？（複数回答可）

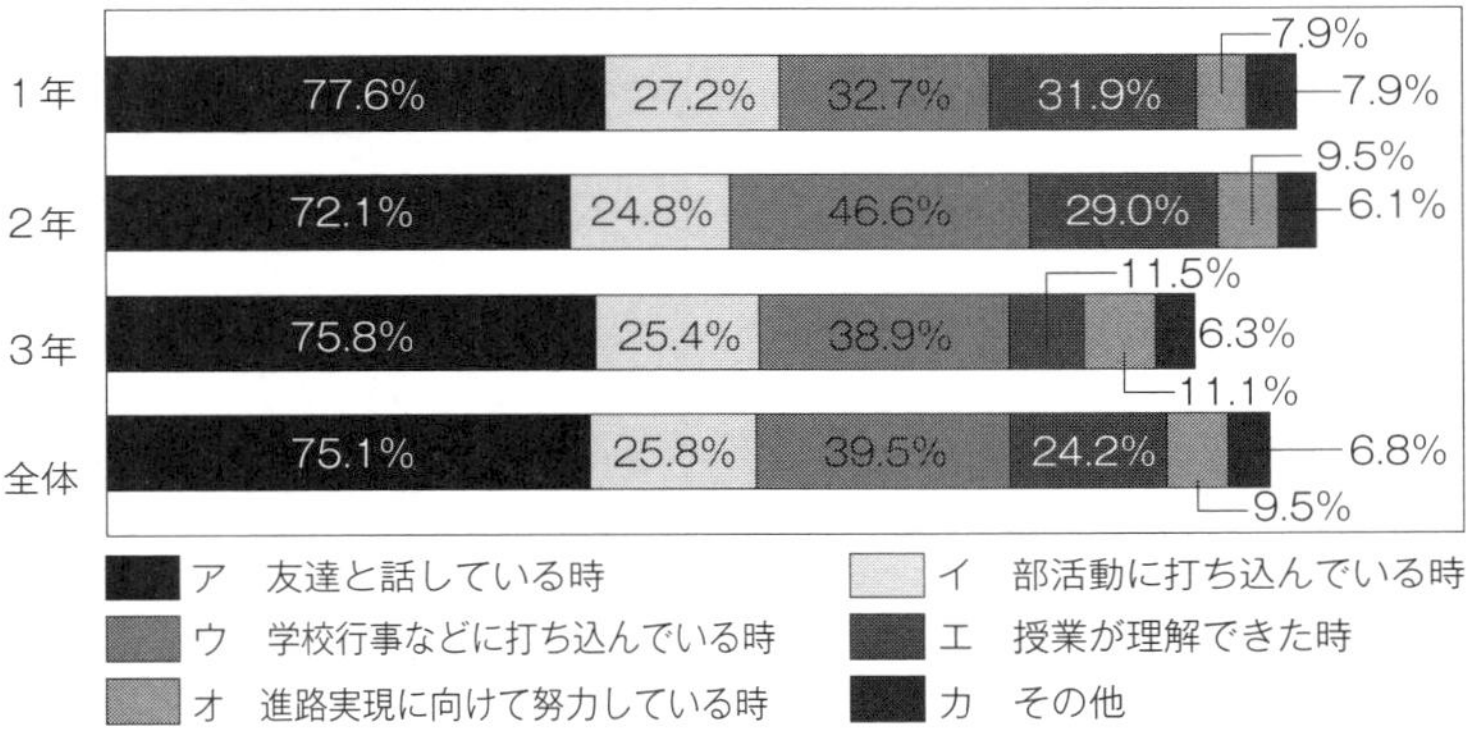

3．高校生活で特に力入れたいことは何ですか？（複数回答可）

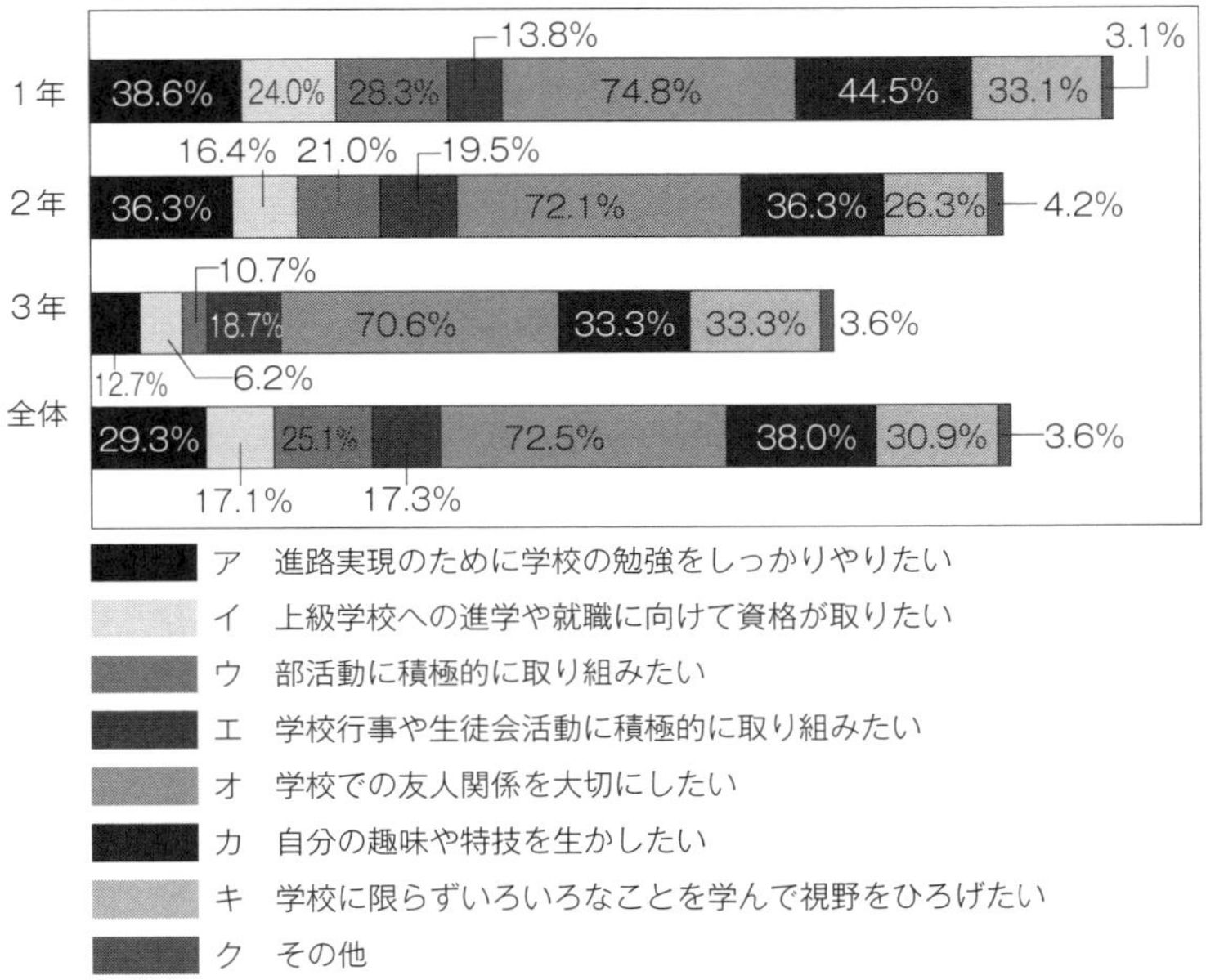

ましたが、生徒は学校生活を送ることによって築かれる人間関係を重視していることが分かります。また、学校行事に対する充実感・期待感が二年生で高い傾向にあるのは、部活動の中心的な役割を果たしているという自覚や、文化祭・体育祭・予餞会など生徒会の大きな行事において、リーダー的役割を果たしているという満足感、二年生で修学旅行が実施されるにあたって四月から事前学習が取り組まれていることなどが挙げられるでしょう。二年生でこの項目に対する数値が高く出ることは、他校でも見られる傾向かもしれませんが、昨今多くの学校で授業時間確保のために学校行事が見直されていく中で、本校は生徒が中心になる学校行事が大切にされている証だともいえるでしょう。こうした結果が出たことによって、生徒会顧問や特別活動を旺盛にサポートしている教職員の間では、改めて学校行事によって生徒が成長している喜びを感じることができました。

学校生活に対する充実感について、六つの項目中、「授業が理解できた時」は一～三学年全体では四位になっていますが、アンケートが一二月の中旬に行われたことを考慮すると、三年生は進路がほぼ決定し、授業へのモチベーションが下がってしまったことが要因かもしれません。しかし、「高校生活で特に力を入れたいこと」という、今後の自分自身に対する期待感を表す「ア進路実現のために学校の勉強をしっかりやりたい」の項目を合わせると一、二年生では三七・五％に達します。この生徒の前向きな姿勢を伸ばしていくことが、学校教育活動の改善策につながります。

生徒は「東高の現状で『できている』項目は？（三つまで）」について一三項目中、一位に「生徒同士、先輩と後輩の人間関係が良好（四一・八%）」、二位に「情報・視聴覚機器、特別教室、体育施設などの設備が整っている（三二・六%）」、三位に「学校行事や生徒会活動が盛んである（二九・三%）、四位に「生徒と先生の人間関係が良好である（二七・〇%）」を挙げています。学校生活における人間関係については、生徒は高い割合で安心して過ごしていることが伺えます。施設・設備については、生徒募集の際や入学後の日頃の授業の中で、本校は情報・視聴覚機器が充実していることを繰り返し教職員が生徒に話していること、授業で実際に使われていることから高くなっていると思われます。

逆に「東高の現状で『できていない』項目は？（三つまで）」で一位に「服装・頭髪、あいさつなどがきちんとできている（三八・八%）」、二位に「落ち着いた雰囲気で授業が受けられる（三八・〇%）」、三位に「授業がわかりやすく丁寧に教えてもらえる（三八・〇%）」という結果が出ていることは、大きな課題です。一、二位については教職員が感じていたことと生徒の評価が一致していました。

そこで、アンケート結果について、関係する各分掌で年度末の総括で協議され、次年度の重点目標、具体的目標に反映するように検討されました。従来から各分掌での総括、新年度の重点目標設定などは行われていましたが、生徒・保護者のアンケート結果を踏まえて作成されるようになったという点で、「開かれた学校づくり」の取り組みが具体的になりつつありました。また、新年度になって各分掌から重点目標、具体的目標が職員会議に出され、ＰＤＣＡサイクルの具体的な確立に一歩踏み出すことができました。

「落ち着いた雰囲気で授業が受けられる」、「授業がわかりやすく丁寧に教えてもらえる」など授業に関する問題点は、学校の教育活動の根幹をなすものです。生徒・保護者用の学校評価アンケート作成・分析と並行して、運営委員会では「授業改善」についても協議を始めました。それについては後述します。

⑥保護者アンケートから明らかになったこと

「ご家庭ではお子さんと話しをしますか」という問いに対し、「よく話す」、「まあまあ話す」を合わせると一年生九一・一％、二年生八八・五％。三年生八九・七％となっており、学校が想像している以上に、家庭で親子の会話があることが分かりました。親子のコミュニケーションが取れていることは、学校生活にも好ましい影響を与えることであり、学校としてはこの結果にホッとした、という雰囲気がありました。

また、保護者への「お子さんは毎日楽しく通っているようですか?」「お子さんにどのような高校生活を送ってほしいですか?」という質問は、生徒に対する「学校に来るのが楽しいですか?」「高校生活で特に力を「入れたいことは何ですか?」という質問と一体の関係になっており、親子の意識にズレがあるかどうかをみるものでしたが、回答からはほぼ同じ傾向が読み取れました。保護者の学校に対する期待は、子どもの学校に対する願いとほぼ一致していることがわかりました。「東高の現状で『できている』、『できていない』」の項目でも、親子の回答がほぼ一致する傾向が見られました。ここからは、保護者が親子の会話を通して、学校の教育活動を理解（評価）していることが読み取れ

PTA広報誌でのアンケート結果

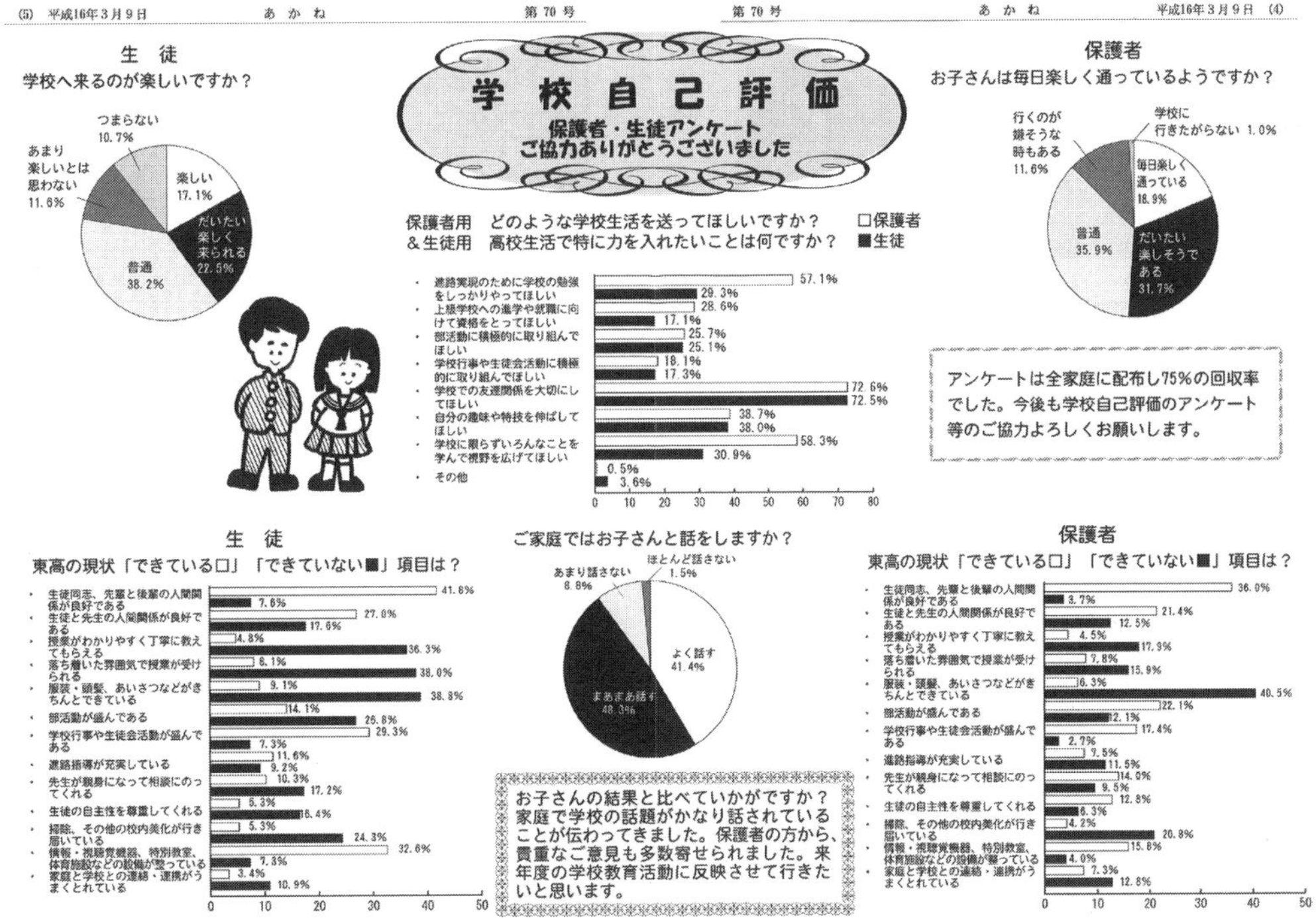

(5)　平成16年3月9日　あかね　第70号

第70号　あかね　平成16年3月9日　(4)

学校自己評価

保護者・生徒アンケート ご協力ありがとうございました

生　徒

学校へ来るのが楽しいですか？

楽しい 17.1%
だいたい楽しく来られる 22.5%
普通 38.2%
あまり楽しいとは思わない 11.6%
つまらない 10.7%

保護者

お子さんは毎日楽しく通っているようですか？

毎日楽しく通っている 18.9%
だいたい楽しそうである 31.7%
普通 35.9%
行くのが嫌そうな時もある 11.6%
学校に行きたがらない 1.0%

保護者用　どのような学校生活を送ってほしいですか？
＆生徒用　高校生活で特に力を入れたいことは何ですか？

□保護者　■生徒

	□保護者	■生徒
進路実現のために学校の勉強をしっかりやってほしい	57.1%	29.3%
上級学校への進学や就職に向けて資格をとってほしい	28.6%	17.1%
部活動に積極的に取り組んでほしい	25.7%	25.1%
学校行事や生徒会活動に積極的に取り組んでほしい	18.1%	17.3%
学校での友達関係を大切にしてほしい	72.6%	72.5%
自分の趣味や特技を伸ばしてほしい	38.7%	38.0%
学校に限らずいろんなことを学んで視野を広げてほしい	58.3%	30.9%
その他	0.5%	3.6%

アンケートは全家庭に配布し75%の回収率でした。今後も学校自己評価のアンケート等のご協力よろしくお願いします。

生　徒

東高の現状「できている□」「できていない■」項目は？

	できている□	できていない■
生徒同志、先輩と後輩の人間関係が良好である	41.8%	7.6%
生徒と先生の人間関係が良好である	27.0%	17.6%
授業がわかりやすく丁寧に教えてもらえる	4.8%	36.3%
落ち着いた雰囲気で授業が受けられる	8.1%	38.0%
服装・頭髪、あいさつなどがきちんとできている	9.1%	38.8%
部活動が盛んである	14.1%	26.8%
学校行事や生徒会活動が盛んである	29.3%	7.3%
進路指導が充実している	11.6%	9.2%
先生が親身になって相談にのってくれる	10.3%	17.2%
生徒の自主性を尊重してくれる	5.3%	16.4%
掃除、その他の校内美化が行き届いている	5.3%	24.3%
情報・視聴覚機器、特別教室、体育施設などの設備が整っている	32.6%	7.3%
家庭と学校との連絡・連携がうまくとれている	3.4%	10.9%

ご家庭ではお子さんと話をしますか？

よく話す 41.4%
まあまあ話す 48.3%
あまり話さない 8.8%
ほとんど話さない 1.5%

お子さんの結果と比べていかがですか？家庭で学校の話題がかなり話されていることが伝わってきました。保護者の方から、貴重なご意見も多数寄せられました。来年度の学校教育活動に反映させて行きたいと思います。

保護者

東高の現状「できている□」「できていない■」項目は？

	できている□	できていない■
生徒同志、先輩と後輩の人間関係が良好である	36.0%	3.7%
生徒と先生の人間関係が良好である	21.4%	12.5%
授業がわかりやすく丁寧に教えてもらえる	4.5%	17.9%
落ち着いた雰囲気で授業が受けられる	7.8%	15.9%
服装・頭髪、あいさつなどがきちんとできている	6.3%	40.5%
部活動が盛んである	22.1%	12.1%
学校行事や生徒会活動が盛んである	17.4%	2.7%
進路指導が充実している	7.5%	11.5%
先生が親身になって相談にのってくれる	14.0%	9.5%
生徒の自主性を尊重してくれる	12.8%	6.3%
掃除、その他の校内美化が行き届いている	4.2%	20.8%
情報・視聴覚機器、特別教室、体育施設などの設備が整っている	15.8%	4.0%
家庭と学校との連絡・連携がうまくとれている	7.3%	12.8%

表5　学校評価保護者用アンケート②

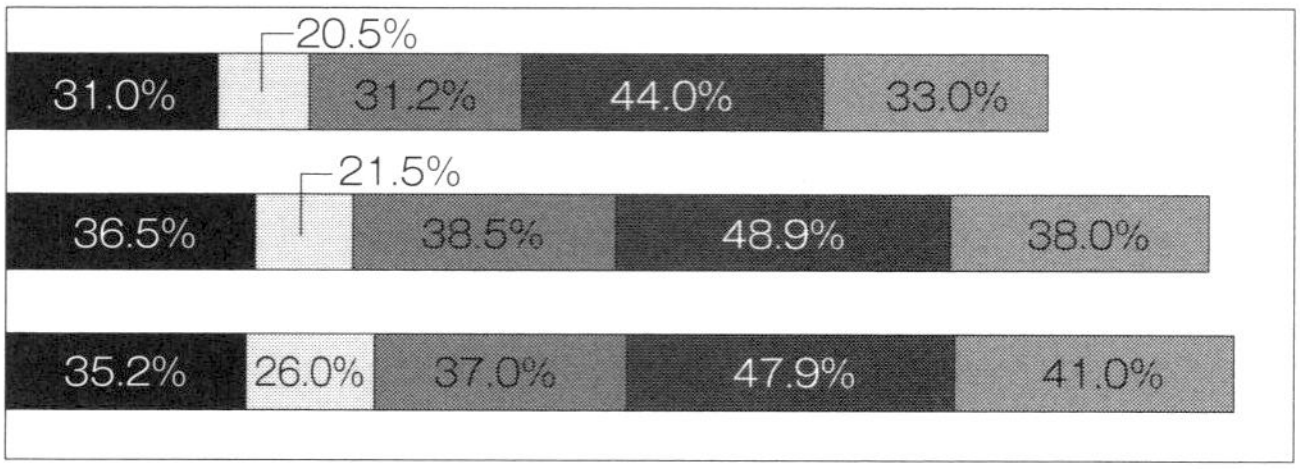

2－5　授業がわかりやすく丁寧に教えてもらえる
2－7　服装・頭髪がきちんとできている
2－8　交通安全など健康・安全に関わる指導を積極的に行っている
2－14　ＰＴＡ活動・講演会活動の運営や内容はほぼ満足いくものである
3－8　学校のＨＰを見たことがある

ます。日頃、保護者が学校の様子がはっきり分からない部分は、アンケートを見て改めて子どもに聞いてみたことが伺えます。学校で生徒にアンケートを実施した日に、家庭に保護者用アンケートを持ち帰っており、生徒も同じ項目について自分自身で考え評価を行っていることから、親子での話し合いがスムーズだったのではないかと思われます。家庭で学校のことが話題になっている様子が分かり、ホッとしました。家族の絆が健在であることが感じられたからです。同時に、学校が課題を明確化し次年度への改善をしたいという意図を明らかにして、学校評価アンケートを実施したことで、保護者の学校への意識が高まったといえるかもしれません。

　保護者アンケートの自由記述欄では、「高校は保護者との距離を感じる。子どもの様子が分からない」、「部活動を早めに切り上げてほしい」、「苦手科目の補習を行ってほしい」、「校則が乱れている」、「定期的に配布されているたよりは配布日を教えてほしい」、「今後も学校改善のために協力していきたい」など、具体的な意見が出されました。本校では毎年一学期に、担任・保護者の二者面談を実施していますが、子ども個人の学校生活の話題が中心になり、学校への要望をその場で直接聞くことがなかなかできません。しかし、アンケートは無記名のため、日頃の学校に対する率直な要望が書かれていました。すべての要望に応えられるかどうかは難しい点もありますが、改善が見える形で保護者に伝わっていくことが、「学校自己評価システム」が機能してために重要な課題だ、と運営委員会でも話し合われました。自由記述に書かれたように「学校改善のために協力したい」という保護者の声をつなぎ合わせて行くことが、「参加」と「共同」につながっていくのではないかと感じられました。

このアンケート結果は、保護者の興味が強いと思われる項目を抜粋して、学年末のＰＴＡ広報誌で各家庭に配布しました。また、次年度のＰＴＡ理事会や総会などでも説明しました。先ず、結果をフィードバックすることを大切にしました（Ｐ55ＰＴＡ広報誌資料参照）。

⑦保護者が改善を実感している項目

三年間の推移を比較してみます。アンケート項目の中で、学校の課題の改善が少しずつ進んでいると保護者が感じているのは、表5の通りです。

2－8は二〇〇五年度から二〇〇六年度微減しており、毎年同じ項目でアンケートを実施すると評価が徐々に厳しくなってくる面も伺えるため、今後の推移に十分留意しなければなりませんが、三年間のフレームで捉えた場合、改善の兆しが感じられるといえるでしょう。ホームページを見ている保護者が増加しているのは、機会あるごとに「学校の情報はホームページに載せていますので、ご覧ください。」と繰り返し伝えたことが浸透してきた結果でしょう。ホームページには保護者が自由に意見を書き込めるページもあり、時には厳しいご意見がありますが、それも学校として受け止め、年間総括で話し合われています。

⑧PTA活動の活発化

ＰＴＡの活動に関しては表５の２－14のように変化しています。これは、月一回おこなわれている常任理事会や、一学期一回開催されている理事会で、学校の教育活動や学校自己評価について必ず報告し、質疑を受けているからと考えられます。また従来から、参加型のＰＴＡ活動を取り入れており、ＰＴＡの講演会内容を理事に諮り協議していること、ＰＴＡの研修旅行では体験研修を重視していること、文化祭では支部ごとに工夫してもの作りのコーナーを設置していることなどが挙げられます。従来のＰＴＡ活動と学校自己評価システムの導入が相俟って、ＰＴＡ活動が活性化しています。草加東高のＰＴＡ総会の参加状況は委任状を除いた実数で六〇人近くでしたが、二〇〇七年度は八〇人に達し学校への参加意識が高まってきています。

(4) 課題の改善に踏み出す

①教育目標総括研修会

本校は従来から、各分掌、各学年では一年間を振り返って教育活動を総括し、職員会議に報告していましたが、実質は形骸化していました。しかし、「学校自己評価システム」導入をきっかけに、教職員一人ひとりが何らかの形で、本校の現状や課題、改善の方法を少しずつ考える機会が増えていきました。そこで、学校評価システム運営委員会は、各分掌や学年の総括を職員会議にペーパーで出して終わりにするのではなく、研修会を教職員アンケート結果の時と同様に、グループディスカッション形式で行いました（P32研修会第三回二〇〇四年二月）。

テーマは「本校の今年度教育目標の総括及び来年度教育目標について」と設定し、目的を「今年度の締めくくりの時期にあたり、草加東高校の教育目標、重点目標について、生徒の現状や教員の指導のあり方を振り返り、来年度に生かす」としました。

グループの形態は、管理職を除く五〇人の教職員を八～九人の六つのグループに分け、小テーマを設定し、教職員のアンケート結果から問題提起を行いました。グループは、学年・教科・分掌・年齢・性別が偏らないようなバランスを考えました。小テーマと問題提起は次の通りです。前回のグループディスカッションの経験を生かし、グループには校務委員を必ず一人配置して司会を担当し、各グループで小テーマ1、2について協議しました。また、司会が全員必ず発言するように配慮し、多くの教職員が積極的に意見を述べることができました。

小テーマ1「今年度教育目標から現状の問題点と今後の改善点を明らかにする」

【今年度教育目標】

○知的興味を持ち、創造性に富む人間を育てる。

○健康でたくましく、活力に満ちた人間を育てる。
○強靱な意志力をもった自律性に富む人間を育てる。
○生命と自然を大切にする豊かな情操の人間を育てる。
○働く事のすばらしさを知る人間を育てる。
←

〈教職員アンケートからの問題提起〉
○教育目標にそった教育活動をするべきだが、そうなっていないのではないか。
○生徒の実態を見ると「礼儀正しい人間に育てる」を入れた方が良い。
←

小テーマ２「今年度重点目標から本校の実態と今後の改善点を明らかにする」

【今年度重点目標】
○すべての生徒が進路希望を達成できるように、進路指導の一層の充実を図る。
○全職員の連携と協力のもとに、豊かな人間性を育てる生徒指導の充実を図る。
○生命尊重の精神を育み、交通安全教育の充実に努める。
○体力の一層の向上を図り、部活動のさらなる活性化に努める。
○人権教育の推進を図り、人権尊重の精神を養う。
○教育環境の整備と美化に努める。
←

〈教職員アンケートからの問題提起〉

○生徒の実態から出発すると、「あいさつができる、基本的生活習慣を身につける、身だしなみを整える」などの生徒指導上の課題を明確にするべきである。

○進路指導のあり方や環境美化、部活動の活性化などを具体的にするべきである。

研修会では次のような意見が出されました。

〈教育目標について〉

○理念的なものなので毎年変える必要もないし、あまり具体的である必要もない。

○現在の目標は普遍的最終的に目指すべきものだが、もう少し絞ってわかりやすく東高の独自性を出しても良いのではないか。

○具体的なことは「今年度重点目標」で考えていった方が良い。

〈重点目標について〉

○東高の実態に即した重点目標に変えた方が良い。

○教員だけが重点目標を知っているのではなく、「生徒が主人公」なら生徒にもきちんと知らせて、教員と生徒が互いに努力して実現を目指した方がよい。

○年度末にどのくらい達成できたか、評価・点検する必要がある。

参加した教職員すべてとはいえませんが、「学校評価」とは単に管理のためにあるのではなく、学校教育活動を活性化するための一つのシステムである、というイメージは描けました。また「PDCAサイクル」という言葉は、学校にはなかなかなじみにくいものですが、従来やってきた「年間計画（P）」「実施（D）」「総括（C）」「改善（A）」という、当たり前のサイクルの延長上にあることが理解できました。

草加東高の「独自性」や「実態」を絞り込むためには、校務委員会でさらに検討することになり、次年度四月中に学校目標、教育目標を職員会議で提案することになりました。

教育目標は「普遍」「不易」であるとしつつも、創立以来ほとんど手直しをされてこなかったものが、二〇数年ぶりに本校の生徒の変化や実態に即したものに本格的に見直されました。

②新しい教育目標

学校評価シートの作成や、一年間を通した職員会議や研修会での議論を踏まえて、年度末には各分掌、学年から総括が行われ報告されました。形骸化していた総括が、学校の教育活動の振り返りとして、内実あるものに変わったのです。その結果を、新メンバーになった分掌・学年で、二〇〇四年度の重点目標、具体的目標、実施計画を立てました。分掌・学年の重点目標は、学校の教育目標と重点目標とリンクさせて、教育活動がトータルで行われるシステムが築けました。

二〇〇四年度四月に、校務委員会は職員会議に教育目標、重点目標を次のように提案し承認されました。

【教育目標】

社会の形成者として、
1、真理と正義を愛し、個人の価値を尊重する人間を育てる。
2、生命と自然を大切にする、豊かな情操をはぐくむ。
3、勤労と責任を重んじる自主的精神に充ちた人格の形成を目指す。

【重点目標】
① 基本的生活習慣を確立し、自律心と豊かな人間性を養う。
② 基礎学力を身につけ、進路に向けて自己実現を図る。
③ 校内美化に努め、学習環境を整える。
④ 開かれた学校づくりを進め、保護者・地域との連携を深める。
⑤ 人権教育の推進を図り、人権尊重の精神を養う。

重点目標には、生徒・保護者の学校評価アンケート結果や、教職員のアンケート・研修会での議論が反映されました。二〇〇四年度の本校の「目指す学校像」については、校長から「信頼される開かれた学校づくり」という原案が校務委員会に提案され、職員会議で承認されました。

教職員も学校の教育目標・重点目標を考慮し、それらを達成するために、各分掌・学年で具体的な計画を立てるように意識が変化しました。草加東における「学校自己評価システム」は、管理職のトップダウンで目標管理されるものでなく、教職員集団でオープンに論議することによって、学校の教育目標・重点目標と校内組織が、双方向性をもって機能するシステムになり始めました。

各分掌・学年では一〇月末に中間評価を行い、経過を記入しつつ必要に応じて計画などを修正することもできます。しかし年度途中で計画を変えるより、当初の目標や計画を一年間通して行い、うまくいかなかった場合はどこに原因があったかを明らかにする方が、課題が鮮明になるのではないでしょうか。教育は短期間で効果が計れるものではなく、一年間、或いは一年生が三年生になり卒業するまでの三年間というスパンで、じっくり見ていく必要もあります。一人の生徒が草加東高に入学し、どのように三年間を過ごしたか、その間学校の教育活動でどのような力をつけていったのかなど、教職員が集団として検証していくことが求められます。

第二部

四者協議会と開かれた学校づくり

第一章　草加東高校四者協議会への第一歩

さて第一部で述べたように、埼玉県の「学校自己評価システム」の特徴は、生徒、保護者、地域住民の声を直接聞くための組織として、「学校評価懇話会（県仮称）」の設置を定めています。設置の目的は、「客観的な評価を確保するとともに、学校運営全般にわたる意見交換の場とするため」です。[*1] 埼玉県教育委員会は、この「学校評価懇話会」に、学校に対する意見具申、目指す学校像の検討、学校独自の評価項目の検討、報告に基づく評価の実施を、果たすべき役割として期待しています。

つまり県教育委員会は、評価項目の設定や、評価結果の検討・分析過程で、生徒、保護者、地域の人々の声を聞くことを、この懇話会という直接対話の場で実現させようとしています（P17図1参照）。この「学校評価懇話会」そのものが、学校評価における生徒、保護者、地域の「参加」と「共同」を前提にしているシステムといえます。懇話会委員は、各学校の実情に応じて決めることができるのです。

草加東高では、学校評価懇話会の委員について検討し、校長が生徒参加のビジョンを示し、四者協議会の方向を目指すことが職員会議で了承されました。

一、草加東高校の四者協議会（「学校評価連絡協議会」）設置のプロセス

第一部第二章の二で、「学校運営協力者会」設置についてはその経緯を既に述べましたが、学校評価システム運営委員会では、それと並行して、県仮称の「学校評価懇話会」の設置に向けて協議を行っていました。まず、草加東高の課題を明らかにし、改善を進めるためにどのような懇話会づくりをするか、会則の作成について検討しました。

まず、「懇話会」という名称ではどのような性格の会なのか分かりづらいため、目的や性格が分かる名称にしようと、運営委員会では「学校評価連絡協議会」という原案をつくり職員会議に提案しました。会則については以下のように検討されました。目的を「本校の学校自己評価に関し、客観的な評価を確保するとともに、学校運営全般にわたる意見交換を行い、本校の教育活動の改善及び地域や社会に開かれた学校づくりを推進していくこと」とし、所掌事項に「（1）学校に対する意見具申（2）目指す学校像の検討（3）評価項目の検討と評価の実施（4）その他目的を達成するために必要な事項」としました。

また、委員には学校運営協力者会の委員（地元大学代表者、草加市教育委員会代表、草加市立中学校長会代表者、地元施設・企業等代表者、地元中学校保護者代表者、本校保護者代表者）を包括し、本校生徒代表が加わりました。いずれも、「代表」という形で人数枠は設けていません。そのことによって、長期的には四者から多数の方が参加ができるように配慮されました。任期は一年として再任

は妨げず、学校運営協力者会と同様に会議は原則として公開になりました。

この原案を職員会議に提案し了承され、会則は二〇〇三年一一月一日から施行されました。

学校評価システム運営委員会では、「会則」というフレームを作りながら、学校評価連絡協議会を実質的な「四者協議会」にすることを目指して、先進校視察を行いました。

二、三者協議会先進校への視察

(1) 群馬県伊勢崎市立伊勢崎高校学年三者協議会への視察

群馬県伊勢崎市立伊勢崎高校で「学年三者協議会」が行われているという情報を得、私は学校評価システム運営委員会から派遣され、二〇〇三年七月に教務主任と共に視察に行きました。

市立伊勢崎高校で学年三者協議会に取り組んだ平井政彦先生（当時）は、協議会の冒頭で、「伊勢崎高の学校づくり」[*2]を「生徒の学習権・意見表明権の保障」、「父母の教育要求の実現」、「地域への施設開放、公開講座、公開講演会」などとともにすすんでいるとあいさつしました。

また平井先生は、次のように述べました。

「本校の学年協議会は、アメリカやフランス、ドイツなど多くの国々に見られるような、学校の管理運営への生徒・父母・地域参加を保障している組織でもありません。しかし、生徒や父母の教育への要求に応えられるような仕組みをつくりたい、学校づくりに父母、生徒が参加する地域の学校にしたいという願いを持っていることは事実です。これらの思いを学校全体で合意し、実践することは難しいです。しかし学年の規模ならば、管理職と学年の父母と担任団の合意があればできます。ともかく教育実践はできることからはじめることが大事だと思っています。」

平井先生の言葉から、特別な「システム」を立ち上げたわけでなく、それまでの教育活動の延長上に学年三者協議会ができたということに、どこの学校でも取り組もうと思えばできる実践として、大変参考になりました。

学校という組織は、職員会議などで合意が形成されなければ元のままということがあります。そういう硬直した発想を克服し、学年単位でできることを行うという柔軟な学校運営の発想から生まれた取り組みです。日頃から学年の課題や生徒の情報交換がされており、生徒・保護者の要求を聞き、学年運営に反映できるので、学年集団での合意は得やすいでしょう。学校全体の合意で三者協議会をつくることが難しければ、学年三者協議会から取り組みを始め、学年を拡大し全校のものにしていく、という方法もあるという発見になりました。

伊勢崎高校学年三者協議会を傍聴した教務主任は、次のように学校評価システム運営委員会に報告しています。

「三者協議会という形態は初めて体験するものであった。『保護者会』という形態では、一方的な教員からの『説明』を保護者が聞き、発言といっても質問を少々するという程度のものである。しかし、この三者協議会という形式を取ると保護者も積極的に自分の意見を発言し、生徒に対して質問をしたりと、保護者にとって有意義な、又参加したいと思える内容の会になっていたのではないかと思える。平日の午後にして役員以外で二〇％の出席率がそれを物語っていると思う。」「前半の授業中のおしゃべりについての話などは『保護者意識』を持って生徒に質問しているし、その対応に対して『先生』に質問したり、『先生』も『生徒』に情報を求めたり、『三者』の効果が大きく表れていた場面だと思える。」

保護者にとっては、学校主催の「保護者会」も学年主催の「学年三者協議会」も「公（public）」の場ですが、発言のしやすさから比較すると、三者協議会は生徒が議長を務め、クラスの状況などを報告するため、発言しやすい雰囲気になります。親の立場から、自分の子どもに照らし合わせて学年・学級の状況を理解できて質問もしやすく、議論がそれぞれ三者から湧き起こってくるという雰囲気が感じられました。公の場でそれぞれが意見表明でき、三者の相互理解が進んだことが傍聴している私たちにも実感でき、三者の満足感、達成感が伝わってきました。その一方で、草加東高校の「学校評価システム」に組み入れる観点からは、教務主任は次のように感想をまとめています。

「非常に有意義で面白い会議ではあったが、現在検討を進めている学校評価システムの一環での会としては、少々質の違うものであった。『学校評価システム』の外部評価機関としての位置づけを持たせるためには、前半の『授業中のおしゃべり』から『授業改善』へと話しが進んでいかなければならないであろうし、学校の取り組みに対する検討などを扱う必要があるのであろう。そういう意味ではもう少し『先生（学校）』が攻められるような、要求をされるような場面が多くならなければいけないのかなと思う。又、今回の会としても、難しいのであろうが『結論』めいたものが出ずに終わり（それで良いのかもしれないが）、それぞれの考え方が分かった、にとどまっている。」

伊勢崎高の学年三者協議会の目的や運営を、草加東高の学校自己評価システムにどう生かしていくかという観点について、おもしろい問題提起になりました。学校運営の年間サイクルとどう関連させていくか、「学校評価連絡協議会」にどのような協議事項を設定するのが望ましいか、議決権を持たない協議会の性格を学校自己評価システムの中でどのように位置づけるか、など課題が明らかになりました。

その後、学校評価システム運営委員会で今後の計画を検討し、さらに長野県辰野高校の三者協議会を生徒、保護者、教職員で傍聴して課題を深めることになりました。

（2）長野県辰野高校三者協議会への視察

辰野高校の三者協議会を生徒、保護者、教職員の三者で傍聴しようという提案は、澤田校長からされました。草加東高で学校評価連絡協議会を運営していくには、教職員だけでなく当事者である生徒・保護者が視察することも欠かせない、という校長の考えから、二〇〇四年一月二三日に長野県辰野高校の三者協議会へ視察を行いました。ＰＴＡ役員さんも共働きの方が多く、金曜の放課後に行われる三者協議会に、わざわざ一泊二日で足を運んでくださる方がいらっしゃるかと心配しましたが、校長が熱意をもって話し、保護者はＰＴＡ会長、副会長の二名と後援会会長一名、生徒会役員四名、教職員は生徒会顧問と私の二名が参加しました。目的は、実際に三者協議会を見てみようということですが、校長は生徒、保護者の方が自らの意志で、四者協議会をやってみたいか、できると思うか、学校からの押しつけでなく率直な意見を求めたいと考えていました。

この傍聴には、鶴ヶ島市の教育関係者と同じバスで行くことになりました。当時の鶴ヶ島市の松崎頼行教育長が、地域づくり、開かれた学校づくりに取り組む中で、市議会議員、中学校校長、市教育委員会スタッフの方々が、辰野高校の三者協議会を傍聴することになっていたのです。草加東高の研修会に、鶴ヶ島高校の先生が参加してくださったことをきっかけに、県内でもこのようなつながりができました。往き帰りのバスの中はぎゅうぎゅう詰めでしたが、議員さんが親の立場で気さくに話しかけてくださったり、中学校の校長先生は「こういう会を傍聴するなんてえらいね～」と声をかけてくださったり、生徒も保護者も嬉しそうで、ちょっとした修学旅行気分になりました。

辰野高校三者協議会の協議事項は次の通りでした。

議事

〔1〕生徒会からの要望

①生徒会長より

②施設設備についての要望（生徒会代表）

③施設改修について（職員会代表）

④学校への要望・ＪＲへの要望（生徒会代表）
⑤ＪＲへの要請について（ＰＴＡ会長）
⑥新上履きについて（生徒会販売委員長）
⑦生徒会活動について（生徒会長）

〔2〕授業について

①生徒会より
②職員会より

三者協議会を傍聴した生徒に、「傍聴してどう感じた？」と聞いてみたら、四人とも口々に「やってみたい！」と答えました。一人や二人は「やりたくない」とか「分からない」と答えるのかなと思っていたので、全員が「やりたい」と答えたことに、内心は驚きつつも私は平静を保って、「どうしてやりたいの？」と順番に理由を聞いてみました。

真っ先に理由を答えた男子生徒は、「東高は先生と生徒との仲がいいと思うんです。先生は、僕たちのことを親身になって考えてくれてるのがよくわかります。だから本当はこうしてほしいんだけどな……と思うことがあっても、先生に悪いかな～と遠慮してしまって言えないことが結構あるんですよね。辰野高校の授業アンケートを聞いて、自分もチャイム鳴ったら終わらせてほしいと思うけれど、先生は『もうちょっと』とか、『これだけだからいいじゃない』と言うことがあるんですよね。次の授業の移動もあるし、終わらせてほしいんだけど、自分だけで言うと先生から悪く思われるのではないかな、とか考えてしまう。だから公平な立場で言える場があるといいなと思いました。」

続いて答えてくれた男子生徒は、「地域の人から東高の生徒だと見られていると、自分たちもきちんとしなければ、と考えるようになると思うんです。コンビニの入り口前のたむろなんか、絶対になくなると思う。自分がコンビニに用があって買い物に行っても、『また高校生がたむろに来た』という目でお店の人や周りの人に見られる。そういうのをいやだと思っている生徒はいっぱいいると思いますよ。そういうのが分かるようになると思う。あんなの営業妨害だよね。だから地域の人に学校の中に入ってきてほしい。」

男子の話を聞きながら女子生徒は、「今の東高だと、こういう意見が言える場は生徒総会だと思うんです。でも、年一回だし時間も短い。生徒が沢山集まっているので、話していることもよく聞いてもらえない。自分たちが感じていることをもっと出せるといいと思うんです。」と答えてくれました。

四番目の女子生徒は、「生徒総会だと協議事項が予算のことが中心になってしまいます。あまり身近なことと感じてもらえないので、みんなから生徒会は何やっているの？　とか、つまんない、と言われるので、こういう形でやってみたいなと思います。」と述べました。

本校の生徒会活動は、自治活動として十分確立していたとはいえず、どちらかと言うと文化祭や予餞会などの行事を中心とした、スタッフとしての活動が多かったのが現状でした。自治的な活動としては、生徒総会に向けての予算案や方針案の作成、生徒会役員と部活動の会計との予算折衝、生徒会報の発行等を行っていました。予算折衝は、顧問の立ち会いは認めず、生徒の力でやらなければなりません。予算獲得のために、顧問と会計担当は事前に智恵を絞っておきます。結構本格的な予算折衝で、年度末には予算案と執行状況のチェック、購入物品の点検・確認、幽霊部員はいないかなど、生徒会役員が部室に立ち入って調査した上で行われます。

本校では、クラス討議などはほとんど行われていませんでしたが、初めて傍聴した辰野高校の三者協議会で、同じ高校生が堂々と発言している姿を目の当たりにし、生徒なりに三者協議会の本質を理解したのでしょう。彼らの発言を整理してみると、次のようにまとめられるのではないでしょうか。

（1）「先生、保護者、生徒が対等な立場で意見を言える」という意見表明権に気付いたこと
（2）先生から、生徒「個人」としてのクレームと思われたくないという意識が顕在化し、公の立場の「生徒」として要求があることを明らかにし、それを受け止めてもらえる公の場をつくりたいということ
（3）先生との関係を真に信頼しあえるものにしたいという願いが顕在化したこと
（4）草加東高の生徒として学校を良くしたい、そのためには保護者・地域の力が必要だということ

さて、三者協議会が終わり、懇親会の会場に保護者の方と一緒に移動しました。辰野高校の校長を始め先生方、保護者の方々、全国各地からの傍聴者が参加した賑やかな懇親会で、質問があれこれ出されたり、学校の様子が聞けて大変盛り上がりました。そこで傍聴した保護者にも、三者協議会の感想を聞いてみました。

東高のＰＴＡ会長は、「最初は形が決まっていてその通りにやっているのかな、と思ったのですが、

子どもと親がそれぞれの立場で考えていることを意見として言う、それを積み重ねていく、というのはとても貴重なことだと思いました。親も、平日のこの時間に学校に来るというのは大変なことだと思うんです。仕事がある、疲れている、そういうことを天秤にかければ、普通ならなかなか学校に足が向かない。それを学校に足を運んで、一所懸命意見を言うということは、そういう魅力が三者協議会にあるからなのでしょう。先生方もたくさん残ってくださっているのはすばらしいことだと思いました。」

また副会長さんは、「子どもたちが学校外の大人に見られる、という経験も大切だと思いました。鶴ヶ島の教育長さんが話している時は、辰野の生徒も真剣に聞いていましたね。子どもたちがやりたいと言うなら、やらせてあげたい。そういう価値があると思いました。子どもたちがやりたいなら、親の方は何でも協力します。」

後援会会長さんは、「まずは言いたいことを何でもいいから言ってみる。それがきっかけになるのかな？　そういうきっかけを作ることが大切なんだと感じました。辰野高校の三者協議会を見て、そんなにたいしたことをやっているとは思わなかったですよ。これくらいなら、うちの学校でも十分できる。それぞれが、その立場の意見を言う。そのやりとりをする。これならできると思いました。」と、それぞれに印象を語りながら、大変前向きに子どもたちを応援しようと考えてくださっていました。

家庭の中での閉じられた親子関係では、思春期特有の葛藤が双方に生まれやすいものです。三者協議会のような公の場で、複数の子どもの声を聞くことによって、自分の子どもを客観化でき、「自分の子どもが言いたかったことはこういうことだったんだ」、「他の子と変わらないんだ」と、わが子と重ね合わせて共感したり、安心できたようです。

それまでどちらかといえば、学校の中でＰＴＡはサポーター的存在だったのが、三者協議会を傍聴することによって、教員も保護者も互いに「学校づくり」のパートナーという実感がもてました。

実際に辰野高校三者協議会傍聴後、ＰＴＡの理事会で「生徒の登下校のマナーが悪いという苦情が学校に寄せられる」という報告を学校側がしたところ、「どんな様子なのか見させてください。私たちにできることがあったらやります。」という意見が出されました。理事が複数で当番を組み、数週間朝の登校時に生徒に声かけを実施したのです。また、ＰＴＡの活動を会員にもっと知ってもらいたいと、理事会便りの発行が自主的にされるようになりました。三者協議会傍聴後、保護者自身が学校づくりの当事者であることに目覚め、教育活動へ積極的に参加するようになったのです。

当時の岡野教頭は（二〇〇五年一一月から草加東高校長）、「三者協議会で堂々と意見を述べる辰野高校生徒の姿に、傍聴した本校生徒は大いに刺激を受け、ＰＴＡ会長からは三者が協力してより良い学校づくりができると感じられた、ぜひ本校でも実施しましょうという意見が寄せられた結果、学校として学校自己評価への理解が進んだ。」と述べています（『開かれた学校づくりと学校評価』学事出版二〇〇七）。さらに、管理職の視点から「『本校が育てたい生徒』つまり『自分のことばで自分の考えを語ることができる生徒』をイメージすることができ、本校にふさわしい連絡協議会の在り方を方向付けすることができた。」、と述べています。

傍聴した私は、感想を学校評価システム運営委員会に次のように報告しました。

◇学校評価の観点から

○一言で言うと「生徒も先生も保護者も、辰野高校が好きで学校をよくしよう」としていることが感じられた。協議会で三年生の保護者が「最後だから……」と語った言葉、前期生徒会会長の引退あいさつ、宮下先生の言葉は感動的で、教育の原点を見る思いだった。これは三者協議会の二三回の積み重ねがあってこそ生まれてきた言葉だと思う。日頃私はこういうことを考えて生徒に接しているだろうかと考えさせられた。このような生徒・保護者の一人ひとりの思いを顕在化させることが学校評価には大切で、学校を変える力になると感じた。

○辰野高校の三者協議会は、回を重ねていることもあって内容が多岐にわたっている。本校で取り組む場合は、「学校評価システム」としてなので、協議内容としては、授業評価と生徒・保護者アンケートによって課題が顕著になっているもの二～三点に絞って協議するのが良いのではないか。

○授業改善とか、学校の課題に取り組もうとするなら、三者協議会（東高では四者協議会になるのかと思うが）の前提として、クラスで話し合うことが必要になってくる。今後そういう面での担任の協力が必要になってくる。

○学校の当事者である生徒・保護者と教職員が意見を交換し合い、それに学校運営協力者会の委員の方が参加することで、率直に質問や意見を出してもらえば、外部からの客観的で有意義な評価へと高まっていくのではないか。委員が授業を一時間見て二～三人の生徒の意見を聞くだけでは、東高の一部しか理解していただけないし、客観的な外部評価というには苦しい面があると思う。

◇感想

○生徒が一年間で三回、一年生の時から三者協議会に参加していると、自分の意見を言うということが訓練されてくる。それが進路のディベートの補習にも生きていると感じた。また、自分の意見に対する責任というものの自覚が生まれてくることも、学校という集団の場ではルールづくりに大切だと感じられた。

○「トイレのカギが壊れたから直してください」という些細なことでもいいから、自分が何かに気がつく、それを意見として公の場で言うということが大切だと思う。その結果カギが修理されれば「自分の言ったことで学校が変えられる」という経験ができる。こういう経験が自分のことも良い方向に変えていくことができる人間に育つのではないか。その積み重ねが、高校生活を主体的に送ることにつながり、やがては社会の主権者としての自覚を育てていくことにつながると思った。

○生徒が学校に要望を出せば、当然先生や保護者からも生徒に対する質問や要望が出る。従って生徒同士でも他の生徒の本当はこういうところがイヤなんだけど……と思っていることや、こうした方がいいと思うことは生徒の方から意見が出てくる。

○但し、三者協議会で問題のすべてが解決するわけではない。全校生徒が参加しているわけではないので、話し合われたことが直ちに全員に浸透するわけではないが、プロセスが大切だと思う。

○今回は、鶴ヶ島市の教育委員会関係者と一緒に傍聴させていただいた。交流する中で、本校生徒が教育委員会の方に「自分は中学校の技術・家庭の先生になりたい。自分の技術・家庭の先生がとてもいい先生だったので、そうなりたいと思って、今進路を考えている。」と話したことを感心して聞いてくださったし、その生徒にとっても自分の親や学校の先生以外の初対面の大人に自分の内面を語る経験をした、ということが貴重だったと思う。協議会をきっかけに、本校生徒にもこのような場を積極的につくって行きたいと感じた。

三者協議会を傍聴した生徒、保護者、教員三様の感想を次のようにまとめてみます。

（1）生徒の意見表明権の芽生え

生徒は意見表明権について特に学習して臨んだわけではないのですが、三者協議会でそれぞれの立場の大人に受け止めてもらえるということを目の当たりに見た時に、自分のことに引きつけて具体的に「参加」の理論を生徒なりにつかみました。

①四者との関係を双方向で捉え、自分たちと先生、自分たちと親・地域の人、生徒同士の関係を立体的に捉えることができた。

②意見表明が生徒の自己変革の第一歩になっており、学校をよい方向へ変えていく力になると確信した。

（2）保護者、生徒との「聞かれた学校づくり」への合意形成

「開かれた学校づくり」は、教職員の合意形成だけでなく、保護者、生徒に対しても事前の合意づく

りを行うことで、それぞれのモチベーションを高めることができました。

①「学校自己評価システム」を完全にコンクリートする前に、学校側が生徒、保護者と共に三者協議会を傍聴して意見をヒアリングし、結果的に協議会づくりを推進できた。

②時間をかけて保護者も巻き込んで合意形成していくプロセスは、教職員・保護者双方が「学校づくり」のパートナー考えるようになった。

（３）保護者の参加意識の変化

保護者が三者協議会を傍聴したことによって、ＰＴＡ理事として「学校参加」するだけでなく、「学校づくり」に主体的に参加し、子どもたちを支えよう、子どもたちから学ぼうという視点を持ちました。

（４）教職員の意識変化

学校の教職員が「学校評価連絡協議会」を単なる「学校評価」の装置として捉えたのではなく、教育的な機関として、生徒の成長発達をどのように保障できるか、という見方をするようになりました。内に開かれてこそ「参加」と「共同」の学校づくりが進んでいきます。

浦野氏は「内に開かれないと学校はなかなか外には開かれない」ということについて、次のように述べています（『学校改革と教師』同時代社一九九九）。

「『学校が内に開かれていない』状況にあるとするならば、どんな苦情や批判や要求が出されるのかという警戒心や、出された苦情や批判や要求にうまく応えられるだろうかという不安感が先に立って、生徒・保護者・住民の参加による学校づくりに、教職員はなかなか踏み出せないのではないかと思うのである。そうだとすると、学校長が先頭になって、そして教職員は意識的に、職場の人間関係を『開かれた』ものに変革していくことが、生徒・保護者・住民から期待されているということになる。」

本校においては、校長が適切なリーダーシップを取り「学校評価連絡協議会」のビジョンを具体的に示しつつ、生徒・保護者・教職員に学校を「開いて」時間をかけて合意形成をしたことが、「学校評価システム」の土台づくりになりました。教職員間では、学校評価システム運営委員会や職員会議など、段階を経て集団論議にも時間をかけましたが、生徒・保護者の立場では、実際に辰野高校の三者協議会を傍聴したことによって、「参加」意識の段階が急速に進みました。

三、アクションを起こす生徒たち

辰野高校の三者協議会を傍聴した生徒たちは、自分たちの考えていることを公に発言していいのだという確信を持ち、学校に帰るとすぐに行動に立ち上がりました。

それまでは、校則とは自分たちの知らないところで既に学校が決めており、自分たちにとって都合が悪ければ、破ってもいいもののように捉えていた面がありますが、辰野高校の三者協議会を傍聴してから、自分たちの要求をきちんと表明して行動を起こし、自分たちに直接関わる学校の教育活動に「参加」し変えていくことができるのだと、生徒の意識が変化したのです。

それまで携帯電話の持ち込みは校則で禁止されていたのですが、生徒会役員を中心にその校則を変えたいと声を挙げ始めたのです。一月下旬に辰野高校から帰った生徒を中心に、生徒会役員会で「携帯電話持ち込み禁止の校則を変えよう」と要求をまとめ、全校生徒や学校側にアピールを始めました。生徒会は学校に対して、「携帯電話の持ち込みを許可し、昼休みと放課後に限定して使用を認めてほしい。」という要望を出したのです。持ち込みを認めてほしいという理由について生徒会は、次のように説明しました。

○昼休みや放課後などに部活動の連絡するために、離れている場所にいる友達や顧問と連絡を取りたい。
○下の兄弟が小さく、保育園のお迎えなど頼まれることがあるので、親が自分に連絡しなければならないことがあるから持っている必要がある。
○両親とも働いていて、帰りに買い物を頼まれたりするので、その連絡を取り合いたい。
○部活動で遅くなった時など、親が心配するので連絡を取りたい。

さらに、「持ち込みが認められた場合、授業中の携帯電話使用が生徒会としても懸念されるので次のような点を学校に約束したい。」と、生徒会広報で知らせ、生徒会顧問を通じて生徒指導部にも申し出がありました。

○昼休みと放課後以外は電源を切ってしまっておくこととする。
○許可されている以外の時間帯に違反して使用した場合、

①授業中携帯電話が鳴ってしまったとか、違反して使用してしまった場合は、始末書を書く。
②その上で、携帯電話は一週間の預かり指導とする。
などです。

その結果、生徒指導部が生徒と教職員の二者が直接話し合う場を設けようと提案し、二〇〇四年度の四月と一〇月に二者による意見交換会が行われました。学校評価システム運営委員会は、学校評価連絡協議会会則などの協議を進めていましたが、それよりも早く生徒の方が、教職員との二者協議会を実施させるためのアクションを起こしたのです。この意見交換会は、決定機関ではなく生徒、教職員なら誰でも参加できるもので、教職員も生徒指導部などの立場や学年の方針に縛られることなく、個人の意見が自由に言える場として設定されました。

二〇〇四年四月の意見交換会に向けて、生徒会はポスターを沢山作って掲示し、生徒の参加を一所懸命呼びかけました。クラスの友達にも参加を呼びかけていました。生徒会役員としては、意見交換会は自分たちが初めて実現させたものであり、みんなの要望である携帯電話持ち込みについてがテーマだから、大勢の生徒が参加してくれるだろうと意気込んでいました。ところがフタを開けてみると、参加した生徒は生徒会役員一一人と一般生徒が一人だけだったのです。私としては、「生徒会、よくやったな。こういう会がもてたことだけでも大成功！」と心の中で応援しながら参加しました。しかし、生徒会役員はあまりにもしょんぼりと下を向いているのです。どうしたのかと心配になりましたが、生徒が期待に応えて集まってくれなかったことが相当堪えたようで、まるでお通夜のような雰囲気で始まりました。実際に、次のような意見が交わされました。

携帯電話についての教員、生徒の意見交換会。二〇〇四年四月

（註　Sは生徒、Tは教員）

S1……今の携帯の指導には、生徒に不満がありま す。みんなだいたい持ってきていて、たまたま使っているところを見つかった人が取り上げられちゃう。ほとんどの人は持っているのだから、持ち込み可にしてほしいです。

T1……持ち込み可にしていいと思うけど、どうしてこんなに厳しい条件を生徒会の方で付けるの？

S2……いや……やっぱり不安。約束守れない人がいるんじゃないかと思って……だから生徒会でみんなが守るようにルールを考えてみたんですけど。

T2……そういうことを前提にして条件を厳しくするより、ルールを守ろうという呼びかけの方が大切じゃないかな？

T3……授業中、机の上に出していたっていいと自分は思う。数学や化学で計算しなきゃいけない時に、うまく使いこなせるぐらいのことがこれからは必要だと思うけど。

S3……先生たちがそういう考え方だとは思わなかったです。

T4……全部の先生がそうだというわけではないよ。

T5……反対する先生の中には、携帯代を払うためにバイトを増やして学業がおろそかになるとか、出会い系サイトの犯罪を心配する先生もいて、それはそれで正しい考え方だと思うよ。

S4……自分たちが考えたルールは厳しすぎて、一般の生徒からはそっぽを向かれたんだと分かりました。生徒会以外の生徒たちの意見も聞いてもっと考えてみたいけど、やっぱり持ち込みは認めてほしいです。


確かに役員以外の生徒にとっては、現在でも預かり指導は一日くらいですんでいるのに、なぜわざわざ自分たちで厳しくしなければならないのか、という反発があったのでしょう。一週間も携帯電話がなかったら、今の高校生にとっては自分の生活が成り立ちません。また、「始末書」という文言が反発を買ったのかもしれません。教員との意見交換会を通して、生徒は失敗から多くのことを学びました。


このように二者の直接対話を通して、二〇〇四年度の生徒会役員選挙では生徒会長候補が、「携帯電話持ち込み禁止の校則をを変えよう」と公約に掲げ、信任投票で当選しました。

一〇月に行われた二回目の教職員、生徒の意見交換会では、どうしたら学校が認めてくれるのか、議論は堂々巡りで行き詰まってしまいました。その時ある生徒が、「生徒も先生たちも、持ち込み可にしたときに、約束が守れるのかどうか、そこが一番不安なんだということが分かりました。それだったら、いろいろなものに『お試し期間』というものがあるから、携帯電話を持ち込んだ時に、マナーが守れるかどうか、『お試し期間』を作ってみたらどうですか。」という意見を言いました。聞いていた生徒指導主任が納得し、「それはやってみる価値があるね。生徒指導部でルールを決めて職員会議に提案しよう。」と回答しました。お試し期間の原案は、「携帯電話の持ち込みを可とする。昼休みと放課後の使用は認める。違反した場合は生徒指導主任預かりとする。期間は一一月から一二月の二ヶ月間とする。」となりました。職員会議に提案され、二ヶ月間を試行期間とすることになりました。教職員も、生徒がマナーを守れるようにサポートする立場になろうと、使用について注意を促す指導を心がけるようにしました。生徒と教職員の間に、良い意味でのフレッシュな緊張感が生まれました。

「協議会」に議決権があるかどうかが問題にされるケースもありますが、このように議決権がない意見交換会であっても、学校運営に一定の影響を与え教育活動に反映されました。この意見交換会は、学校評価連絡協議会の実施に当たって、重要な役割を果たしたことについては、後で述べます。

さて、二ヶ月の試行期間はどうだったでしょうか。その前に、携帯電話をめぐる状況の変化をふりかえってみます。

携帯電話の持ち込みについては、当初持ち込み禁止の校則で違反した場合は預かり指導になっても、おおかたの生徒は「自分が守れなかったんだから」と納得していました。しかし、携帯電話があっという間に普及し九〇％を超える生徒が持っている状況になったとき、預かり指導は壁にぶつかっていました。「みんな持っているのに、何でオレだけ取り上げられるのか？」、「たまたま見つかっただけで、あいつだって持っているじゃないか。」という生徒の気持ちが、教員の指導とぶつかる場合もありました。実は職員会議でも、「携帯電話の持ち込みについては見直そう」と何度か提案されることはありましたが、そのたびに次のように意見は分かれ、合意に至っていなかったのです。

「携帯電話の普及状況を考えると、持ち込みを認めてマナー指導するべきだ」、「ツールとして使いこなせ、ネット犯罪などについてもしっかり勉強させた方が良い」、「携帯電話の持ち込みが逆に生徒指導を増加させている実態は、指導としてはふさわしくないのではないか。生徒の実態をふまえた上で、生徒の納得ができる指導に切り換えるべき。」という意見に対して、「携帯代が月に何万円と払っている生徒がいるのに、認めたら通話代がさらに増えバイトを助長させる」、「今でさえ生徒はバイト漬けの生活なのに、学校が公式に持ち込みを認めたら、学業がおろそかになり本末転倒」、「ネット犯罪の恐ろしさを生徒は分かっていない」などです。

その一方、携帯電話を使って、顧問が部活動の生徒に用件を指示したり、担任が生徒へ授業の欠課理由の問い合わせや、欠課時数の連絡などを行っていました。教員、生徒双方にとって、学校生活は携帯電話抜きには語れない状況でもありました。

以上のような実態がありましたから、二ヶ月の試行期間に期待する教員は結構多かったのです。生徒を応援しようと積極的にマナーを守るように呼びかける教員や、生徒会を暖かく見り励ます教員もいました。ところが試行期間が始まってみると、毎日生徒指導主任のところに二〇～三〇台近い携帯電話が預かり指導で集まってくるのです。それを見ている教員は、内心「やっぱりダメだったか……こういう実態が出てしまうと、職員会議への提案すら難しいな……」とガッカリしていました。

生徒会は、朝登校時に校門のところに立って、「携帯電話のマナーを守りましょう！」とプラカードを作って呼びかけていました。ポスターも廊下に張り出して、注意を喚起していました。そういう生徒会の役員たちも「せっかく自分たちで校則を変えようと動きだし、試行期間にまでこぎつけたのに……どうして他の生徒は守ってくれないのだろう」と、ガッカリしていました。

しかし、こういう取り組みは、初めて行われた四者協議会で生かされます。そのことは第二章で述べます。第一回目の学校運営協力者会を皮切りに、三名の生徒が参加した第三回目の学校評価連絡協議会を経、通算第四回目の学校評価連絡協議会で、実質四者協議会が発足していきます。次に、学校自己評価システムに四者協議会を組み込んでいったプロセスを述べます。

四、四者協議会（学校評価連絡協議会）発足のプロセス

（1）「学校運営協力者会」委員の当初の参加意識

二〇〇三年度は、まだ「学校評価連絡協議会」としての体制が整わず、二〇〇三年一一月五日に第一回目の学校運営協力者会（二〇〇四年度からは評議員会）を実施し、本校校長から、「学校自己評価システム」について説明を行いました（学校運営協力者会は二の（1）で述べたとおりです）。初

めて開催されたこの会議では、参加した学校運営協力者委員から次のようにかなり積極的、具体的な意見が出されました。

本校生徒が就職でお世話になっている地元企業の代表者からは、「学校は本気でＰＤＣＡサイクルを作る気があるのですか。あるとしたら二ヶ月に一回くらいこういう会議を開く必要がありますよ。企業でもＰＤＣＡサイクルを確立するにはそのくらいのエネルギーを使いました。本気でやるんだったらエライことを頼まれた、そういう気持ちで今日は来ているんですよ。」と言われました。

また、地元の大学教員からは、「学校評価をやるんだったら、評価領域や評価項目を設定することから関わらせてほしいですね。学校側からは、学校評価に際してのマニュフェストを示してほしい。」と言われました。

これらの意見には、地域から地元の高校と学校評価に対する強い関心が表れていることがヒシヒシと伝わってきました。学校に参加する機会があれば、地域の代表は積極的に協力したいと考えていること、また、地域の協力で高校をよくしていきたい、という「参加と共同」の意欲もあることが感じられました。

この会に出席した管理職を始め学校評価システム運営委員は、運営協力者会委員の予想外のモチベーションの高さに驚かされました。同時に、厳しい意見が出されたとしても、オープンに意見交換することによって「開かれた学校づくり」の第一歩となることを認識しました。

前述したように浦野氏は、生徒を目の前にすると大人の発想回路が変化する、と述べていますが、この第一回目の学校運営協力者会議ではその通りの展開になりました。

実は、この会議の前に授業見学をしてもらっていたのですが、会議室に戻ってきた委員たちは、休憩時間に口々に生徒の授業態度の悪さを述べていたのです。ところが休憩時間が終わり、生徒代表が会議室に入室し意見交換になると、委員はそれぞれ丁寧な口調で生徒に質問をしたのです。「寝ている生徒もいるようですが、授業は分かりますか?」「卒業後の進路について考えていますか?」「女子は化粧をしている生徒が多いですがどう思いますか?」という優しい丁寧な聞き方になり、一方的な批判を行うことはなかったのです。各委員は、生徒の目線に立って考え、大人としてともに問題解決に当たろうと、発想の回路が変化しました。このときの生徒代表は、生徒会役員の二年生女子三名でしたが、化粧や進路について三者三様の答え方をしました。

「お化粧に関心がある子が多いです。」「でも、ちょっとやり過ぎで、高校生にはやっぱりふさわしくないと思います。」とか、「まわりの人を見ても、自分の進路がはっきりしていない人が多いです。」、「美容師になりたい、とはっきり目標を持っている人もいます。」、「先生は丁寧に進路指導してくれています。」などとそれぞれ答えていました。この時、学校運営協力者委員は生徒と向き合い、生徒に質問を集中させ大変熱心に生徒の意見に耳を傾けていました。もはや教員からの説明はいらなくなっていました。なまの生徒の声が、学校のありのままの様子を一番伝えていたのです。

各委員はこれらのやりとりから、いわゆる「草加東高の生徒はだらしない」という一括りにしたイメージで生徒を捉えるのでなく、一人ひとりの生徒の実像をしっかり捉え、草加東高の教育内容を見ていこうという考え方に変わっていったのだと考えられます。委員からは、「生徒会には男子はいないのですか?　男子の話も聞きたいですね。」「他の学年の生徒はどのように思っているのでしょうか。」という質問も相次ぎました。管理職が行った学校概要説明より、生徒からの回答によって学校の様子が生き生きと伝わったため、さらに様々な生徒からの意見を聞きたいという気持ちが表れたのでしょう。委員のこのような積極的な発言は、学校側にも生徒参加を増やしていこうという機運を高めました。

このようなプロセスを経て、県仮称の「学校評価懇話会」を、本校においてようやく四者協議会として発足する準備が整っていきました。以下からは、草加東高の名称に統一して、「学校評価連絡協議会」と記します。

埼玉県が定める「学校自己評価システム」の評価項目は、「授業改善」「開かれた学校づくり」と各校独自の評価項目の三つとなっています。草加東高で学校評価連絡協議会を開催することそのものが、「開かれた学校づくり」となるという共通認識が、校内でも得られていきました。そこで職員会議を経て、二〇〇四年度から目指す学校像に「地域から信頼される開かれた学校づくり」を掲げました。

(2) 本格的な四者協議会としての「学校評価連絡協議会」の発足

さて、二〇〇三年から二〇〇四年にかけては、「学校評価連絡協議会」会則の成作、評価シートの作成や先進校視察、学校評価アンケート作成など校内の制度作りに追われ、本格的な「学校評価連絡協議会」を開催するところまでになかなか至りませんでした。毎週定例で学校評価システム運営委員会が開かれ、原案を作って職員会議で審議するなど、制度設計のためにかなりの時間を要しましたが、その間に第一回目の学校運営協力者会を皮切りに、生徒・保護者の辰野高校三者協議会傍聴を積み重ねました。生徒・教員との意見交換会もあり、それぞれが四者協議会の下地になっていきました。「協議会形式でやってみよう」という合意が保護者、生徒の間でも形成されていき、本格的に四者協議会として開催できたのは、二〇〇五年二月一八日の、通算では第四回目の「学校評価連絡協議会」でした。

第三回までは、学校評議員会に生徒代表が三名ほどが加わり、応接室で十数名規模の参加で行っていたのですが、場所を多数収用できる大会議室に移しました。生徒や教職員の参加を積極的に打ち出し、学校外の傍聴希望者も出席できるシステムにし、実質的に初めて四者協議会の形態となってオープンな形で行われました。

【註】

＊1　埼玉県学校評価システム調査検討委員会「学校評価システム調査検討に関する報告」二〇〇三年三月

＊2　（P六七）浦野東洋一編著『学校評議員制度の新たな展開』「第六章　学年固有の課題にいどむ学年三者協議会」（一〇四～一〇六頁）学事出版、二〇〇一年

第二章　校則を変える生徒たち

第一章三で述べた様に、二〇〇四年度は「携帯電話持ち込み可」の校則に変えてほしいという要望が生徒から引き続き出されていました。試行期間で携帯電話持ち込みを認め、生徒会からはマナーを守ろうという呼びかけが行われ、預かり指導続出という結果が検証されている最中に、この四者協議会（「学校評価連絡協議会」）が初めて開催されました。司会は、学校評価システム運営委員会の教員の中から選出され、私が務めることになりました。私は生徒会顧問に、「生徒に発言を振りますから、よろしくお願いしますね。」と言ったところ、「止めてくださいよ。生徒は何も発言できないですよ。」と、とまどっていました。

さて、協議事項の一つに、「携帯電話の持ち込みについて」が提案されました。

まず、携帯電話の持ち込みについて、学校側から次のような説明が行われました。

○従来から携帯電話の持ち込みは学業と関係ないことから禁止されており、持ち込みが明らかになった場合は預かり指導となっている。

○携帯電話が急速に普及し、生徒の現状と指導がなかなか一致しない問題が起きてきている。

○二〇〇四年度は生徒会からの要望もあって意見交換会を行い、一一月から一二月の二ヶ月間、試行期間を設け、携帯電話の持ち込みが可能になった場合、マナーが守れるか試してみた。
○試行期間の結果から、生徒がマナーを守れるという確証を得るまでには至っていない。

生徒会からも、携帯電話の取り組みについて、次のように説明がありました。
○先生によって携帯電話の指導の仕方が違う不満がある。
○携帯電話は自分たちにとって必需品である。
○学業に支障がなければ、持っていても問題はないはずである。
○携帯電話の持ち込み禁止の校則を変えるという公約は、前年度の生徒会役員の公約であるが、自分たちも引き継ぎたいと考えている。
○試行期間中は、生徒の意識を高めるためにポスターを作成して校内に掲示したり、ホームルーム委員と協力して呼びかけた。
○プラカードを作って朝の登校時に生徒たちにアピールした（協議会では、実際にそのプラカードが披露されました）。
○しかし、結果としてマナーを守れない生徒が結構いた。

以上の説明を踏まえ、さっそく四者で次のような協議が行われました。真っ先に手を挙げたのは、辰野高校に傍聴に行った保護者です。

（S＝生徒、P＝保護者、C＝地域代表、T＝教員）

P_1……生徒がマナーを守れなかった時、生徒会の皆さんは注意するように呼びかけてみましたか？

S_1……直接注意するのはなかなか難しくてできませんでした。

S_2……預かり指導を受ける場面をみても笑ったりするだけで、いけないとは誰も思っていない感じでした。

P_2……例えば、生徒会の役員がクラスに入って携帯のマナーについて説明をするということはやってみましたか？

S……う〜ん……

T_1……先生たちも、生徒が携帯電話のマナーを守ろうという意識が高まるのを期待していたんですが、授業中に鳴ったりするとすごく残念な気持ちだったんですよ。

S_3……携帯電話の持ち込みについては、先輩たちが一所懸命やってくれて、今の一年生はそれが当たり前みたいになっているので、マナーを守らなきゃ、という気持ちが低いのじゃないかな、と思うんです。中には週三回預かり指導を受ける人もいたんです。

P_3……リアクションがなかったとしたらとても残念ですね。一年生には生徒会が個別に強く訴えてほしかったですね。

P_4……失敗があっても、それを素直に認めて、謝れることも大切なマナーではないでしょうか？

S_4……私のクラスは、休み時間のたびに「マナーを守ろうね！」とか呼びかけていたので、誰も預かり指導になる人はいませんでした。

C_1……会社ではわかりやすいスローガンみたいなものが大事なんです。電車内のルールは分かりやすい。校内では携帯電話は「シルバーシート」ルールということにしてみたらどうですか？「シルバーシートのそばでは携帯は使わない。学校でも同じ」という呼びかけは分かりやすいと思うのですが。

T_2……二年生の修学旅行では、携帯電話の使用を許可しました。それは家から離れるということもありますし、実際に生徒の主体性に期待したいという気持ちもあったからです。生徒の旅行委員会でも十分話し合ってルールを作ったのですが、残念ながら周知徹底できませんでした。先生たちも一方的に反対でなく、マナーに基づいた使用を期待しているんですよ。

C_2……意見を聞いていると、先生方、「お試し期間」というのは生徒を試す期間であっていいのでしょうか？「試行」ということであれば、前向きにそのことを実施することを前提にして、教育的に解決していかなくてはならない問題は何か、を話し合うことが大切なのではないでしょうか。

四者協議会のフタを開けてみると、保護者が次々と積極的に手を挙げました。たとえ厳しい意見であっても、生徒を批判するのではなく応援しようと考えていることがしっかり伝わってきました。ただ生徒の言い分を何でも認めるということでなく、生徒が何を考えどのように取り組んできたか、その取り組みが充分だったのかを鋭く問う質問が相次ぎました。これらの発言は、決して生徒たちの行動を否定するものではなく、なんとか成功させてあげたいというヒントを沢山含んだものでした。生徒は自分たちの取り組みをふりかえり、この質疑応答からだけでも成長している様子が見ていて感じられました。

地域代表のC2の意見には、管理職を含めた学校評価システム運営委員や生徒指導部の教員も、「試行期間」はまさに生徒を試そうとした期間であったことに気付かされました。校内だけで問題の解決に当たろうとしていた私たちは、生徒を信頼する教育的な意義を見失っていたことに改めて気付かされたのです。日常的に生徒に接している教員より、第三者の立場から客観的にみることができる評議員の利点が生かされた形になりました。携帯電話の校則に関する協議を通して、参加者に四者の双方向的な直接対話と、地域に開かれた学校づくりをする重要性が改めて認識されました。この四者協議会の最後に、各評議員へコメントが求められましたが、ある地域代表の方はこう述べました。

「一昨日、大阪の寝屋川で卒業生が小学校の先生を学校内で刺す、という事件が起きました。しかし私は、市教育委員会に帰り、『あれは特異な事件であった』とはっきり言える自信があります。それは今日、この協議会で生徒のみなさんがこれだけ一所懸命意見が言える、自分たちの力で学校を良くしようというう思いにあふれている、それを実際に私の目で見たからです。」

この発言には、生徒、保護者、教職員がそれぞれ大変励まされました。地域の人に、学校にとって良いことも悪いこともありのままに見てもらうことの大切さが実感で分かりました。学校を開こうとしている努力を好意的に受け止めてもらうことができ、大変勇気づけられました。教頭が閉会あいさつで、「学校を開くと楽になります。」と語ったことは、そのことを象徴していました。第一回目の四者協議会は筋書きのないドラマでしたが、四者が率直に語り合うことで肩の力が抜け、学校づくりの展望が目の前にパーッと開けた感じがしました。

この協議会では、授業改善についても協議されましたが、生徒の発言が次々と絶えず、意見表明に対する生徒の思いの強さが感じられました。授業改善については後述しますが、四者の意見が白熱していき、協議会が終わった時には四者に高揚感がありました。教職員の間には、授業ではほとんど発言しないような子が積極的に発言したことに驚きの声が上がりました。集団の協議によって、生徒の力がどんどん引き出され成長していくことが、目の前で実感でき、参加したどの教職員にも、「やってよかったね。」という気持ちがあふれていました。生徒会顧問の、「発言を振られても生徒は答えられないですよ。」という心配は杞憂に終わりました。

この四者協議会には教職員の参加は二〇名を超え、この協議会後の年度末の職員会議で携帯電話持ち込みを認めることについて提案され、了承されました。この職員会議でも、反対意見は出されましたが、協議会に参加した教職員は、「ああいう議論をしたなら、生徒を信頼できるよね。保護者や地域も一緒になって、問題があったらオープンに話し合えるね。」という雰囲気になっていたから、ゴーサインに変わったのです。携帯電話に関して、今後は、実態にあった適切な指導を行う必要があること、生徒自身が要求して実現した校則であるという自覚を持たせ、マナーに重点を置くことが確認されました。

生徒会でも、自分たちの要求が実って校則の見直しができた、という学校教育活動への参加意識の高まりがあり、今後も引き続きマナーの呼びかけを全校生徒に行っていくことが確認されました。生徒を教育活動の主体と捉えることで、生徒が生徒に働きかける関係を作り出すことができ、これまでは生活に関しては、教職員から生徒への一方通行のベクトルになりがちであった指導が、複数の双方向的なベクトルが作られるようになりました。このように生徒の成長・発達を支える生活指導においても、生徒を信頼し「学校を開くと楽になる」ことが実証されました。

当時の岡野教頭は、次のように述べています（『開かれた学校づくりと学校評価』二〇〇七年、学事出版）。

「携帯電話校内持ち込みについての長期に渡っての取り組みは、これまでの指導する側から指導される側への一方向或いは対立軸での構図で捉えられていたものが、保護者や評議員などとの関わりができたことで、双方向或いは三者がつくる平面上でのキャッチボールを繰り返しつくり上げていく形ができたことに大きな意味がある。」、「その結果携帯電話が使用できることになった経緯を知らない現在の一、二年生のマナーの悪さに対し、再度携帯電話の使用法について訴えていこうしている生徒会があることに、連絡協議会を設置した効果が表れている。」

このことから、二つの教訓が学べました。一つは、保護者・地域が積極的に生徒たちを支え、生徒に対して果たすべき責任を自然に実感したことです。浦野氏が述べているように、四者がそれぞれ四分の一ずつの責任を果たす役割を自覚できた取り組みになったといえます。二つは、校則というテーマに対する取り組みが四者で共有され、そのあり方について継続的に協議する方向性が生まれたことです。

(3) 保護者の当初の参加意識

第一回目から第二回目ぐらいの評議員会の中では、本校の保護者は地域代表に比較して、あまり積極的に意見を述べられませんでした。それは「学校評価」制度に対する情報量の違いや、地域らか期待される高校像への意見と比べると、生徒の「親」であるという私事性が強いことなどから、公の場で発言しにくかったのではないかということも考えられます。しかし、「学校評価連絡協議会」の準備と同時に進められていた、学校評価アンケート結果などが説明されることによって、生徒の具体的な学校生活の様子が浮かび上がるのと同時に、データなどによってわが子を客観化できるようになりました。自分の子どもの「親」という立場から、生徒の「保護者」という立場に客観化されたのでしょう。学校評価アンケートを取った後の二〇〇四年一月のＰＴＡの会議では、次のような発言が積極的に出されました。

○ＰＴＡの役員決めは最後くじ引きになったりして、不満があるのではないかと心配していたが、アンケートを見ると保護者が学校に関心を持っていることが分かった。
○ＰＴＡ活動をＰＲして、教員・生徒と一緒になってより良い学校をつくりたい。
○資料から先生たちの取り組みがよくわかった。生活のことについては学校にお任せでなく、家庭の責任も大きいなと感じた。
○親としてだけ学校に関わるのでなく、大人としてできることで関わっていきたい。
○公開授業参観者を増やすため、ＰＴＡ組織の地域性を利用していきたい。

当時のＰＴＡ会長は次のように述懐しています（前掲書）。

「ＰＴＡ活動に参加する中でも一番の楽しみであり、期待したのが、生徒・先生・地域代表からなる〝学校評価連絡協議会〟への参加でした。それは話す機会をついつい逸してしまう娘との毎日の生活にあって、唯一、高校生の本音・思いを知る生の情報だったからでもあります。

『小さな問題から解決し、積極的に充実した満足のいく自分たちの学校生活を創り上げていきたい。』というエネルギーを感じることができました。

生徒たちの、学校生活での限りない可能性を実感し、これから変わり行く学校の姿、発揮されるであろう高校生の未曾有のパワーに、参加した私たち保護者の心の中も、希望や夢が広がる思いで満たされました。

保護者の一人として発言し、意見などを聞く機会をいただき、学校がより身近に、一生懸命発言する生徒たちがとてもいとおしく思える存在になっていきました。」

このＰＴＡ会長は辰野高校の三者協議会も傍聴しており、三者の努力で学校づくりを進めることに対して具体的なイメージがあり、本校で実施する期待感が強かったと思います。このように、四者協議会の設置が一つのきっかけとなり、学校からの働きかけがあったからではなく、保護者が自主的にＰＴＡをより開かれたものにし、学校への参加と共同に一歩踏み出しました。

第三章　授業改善の取り組み

次に、「学校自己評価システム」の評価項目の必須となっている「授業改善」の取り組みについて、校内でのプロセスと、生徒の授業評価アンケート、学校評価連絡協議会での協議内容の三点に分けて述べます。

埼玉県の「学校自己評価」システムの目的は学校の教育力を高めることにあり、授業はその根幹をなすもので、システム導入によって授業改善にどのような効果が表れたかが、一つのメルクマールとなります。

一、草加東高校での従来の授業改善の取り組み

草加東高では、従来から一年次における少人数学級（定数四〇名を三五名で編成）の実施や、二年次からの英語の習熟度別授業、理系の数学の少人数授業を実施してきました。英語、数学は二クラス三講座の同時展開で行われていました。英語の習熟度別授業を導入したのは、今から二〇年近く前までさかのぼりますが、成績で生徒を分けることについては、校内でも慎重論がありました。そこで英語の習熟度別授業では、年度末には必ず生徒アンケートを取り、英語への興味関心が深まったか、理

解が進んだか、習熟度によって差別感を感じたかなど生徒の声を聞いていました。習熟度別の授業はどの講座も、教科書はもちろん同じものを使っていますし、定期考査は統一問題なので、大勢の人数で授業進度が早いか、少人数で丁寧に教えてもらえるかという違いがあります。

また二〇〇二年度には、授業改善のために公開授業を実施することが職員会議で提案されました。学校自己評価システム導入以前でしたが、東京都の人事考課制度の影響もあり、教員の反応は授業を公開することに過敏でした。「なぜ授業を公開しなければならないのか？」、「誰がどのように見るのか？」、「教科の専門性があるのに、他教科の管理職が見て分かるのか？」、「ただ授業を素通りしてみていくだけなら意味がない。」、「授業は一時間五〇分構成で組み立てて考えている。一部しか見ないで評価されても困る。」、「でも、一時間中ずっと見ていられるのも抵抗感がある。自分が生徒に集中できなくなる。」など、様々な意見が出されました。

その一方で、「自分の授業をよくしたい」、「他の教科では生徒はどんな反応をしているのだろうか」という思いから、若い教員が積極的に学年の様々な教科の教員に「授業を見せてください」と言って、相互に授業を見合う状況が生まれていました。また、授業改善の研修会で、体育の教員が、「私たちはグランドで授業をやっているのだから、いつでも誰からも見られるけど、何も困ったことはありませんよ。」と発言しました。こういう中で、他教科ではどんな教え方をしているのか、それが自分の授業や生徒指導にも参考になるのではないかと、授業を見ることがオープンになり、それが職員室で話題になって行く雰囲気が広がりました。二〇〇三年度からは地域住民も対象にして公開授業を実施することになりました。

二、草加東高校における「授業評価」の意義

社会や保護者から高校に期待されるものは、後期中等教育にふさわしい学力を生徒に身につけさせることであり、分かりやすい授業を行うことは教員の専門性の根幹に関わる問題であることから、授業改善は学校評価制度が導入されるまでもなく、常に行われなければならない課題です。

そこで、本格的な授業改善については後述するプロセスをたどりますが、学校自己評価システム試行の段階で取った二〇〇三年度生徒の学校評価アンケート項目に、授業について加えました。「何をしているときに充実感を感じますか？（複数回答可）」の問いに対して、「友達と話している時」が七七・六％で断トツトップ、「学校行事に打ち込んでいる時」が三一・七％、その次に「授業が理解できた時に実感を覚える」と答えた生徒が二四・二％でした。「東高の現状で『できている』項目は？（三つ）選ぶ」の質問で、一三ある項目から授業に関するものは、「授業が分かりやすく丁寧に教えてもらえる」と感じている生徒は四・八％、「落ち着いた雰囲気で授業が受けられる」と感じている生徒が八・一％となっており、授業改善は本校において重要な課題であることが明らかになっていました。

三、学校自己評価システム導入による授業改善の取り組み

授業改善について、まず校内の学校評価システム運営委員会で、前ページのアンケート結果を分析

し、職員会議に結果を報告しました。さらに、二〇〇四年度からは学校評価システム運営委員会を、「学校評価連絡協議会」班と「授業評価研究」班との二つに分けて作業を進め、協議は合同で行いました。他県の授業評価アンケートなどの資料を収集し、「授業評価」について担当班が原案を作成しました。ここでの「授業改善」の具体的な目的は、全校統一の授業評価票を作成し、生徒が各教科の授業をアンケート形式で回答し、授業改善に生かす、というものです。

年度当初から夏休みにかけて原案を作成し、各教科で検討するように要請しました。職員会議当日は、概要説明と、アンケート項目の例を示し、九月に職員会議で授業評価票アンケート導入に関する時間の制約のため授業評価票の簡単な説明を行っただけで、授業評価導入の目的や意義については十分触れることができませんでした。授業公開について提案された職員会議よりも、教員の間にはより強い抵抗感がありました。それは、自分の授業が「評価」されることに対する疑心暗鬼を生じたからです。

何のために、なぜ授業評価アンケートを導入するのか、どのように利用されるのか、説明不足を指摘する意見が相次ぎました。その背景には、授業評価が人事評価につながるのではないかという危惧が最も大きく、教科の専門性が異なる管理職が評価できるのか、という懸念がありました。また、今まで常に自分の授業の中でその改善を試みてきており、それは自分の専門性に関わることであったのに、なぜわざわざ全校統一で行わなくてはならないのか、という疑問もありました。この職員会議では、各教科で持ち帰って検討してもらうことを確認して、それ以上の協議はしませんでした。

学校評価システム運営委員会では、職員会議で出された教員の不安をよく考慮し、「授業評価」という言葉は使わないようにすること、あくまでも目的は「授業改善」であることを念頭に置き、再度授業アンケートについて案を練り直しました。各教科で検討された内容を受け、意見の一致はみられなくても授業評価について議論になったことで、それぞれ意見がオープンに語られ、授業改善に対するモチベーションが上がったのではないかとまとめられました。教科ごとだけでなく、全教職員で改めて議論する必要性が確認され、授業改善に関する研修会を一〇月に開くことになりました。

グループディスカッション形式の研修会では、全教科の教員から率直に次の様な意見が出されました。

○授業評価はやる意味があるが、システムとして全校統一してやる必要はない。

○実技科目と座学の科目とを同じ項目で評価するには無理がある。

○日頃の授業で生徒の様子を見ていれば、理解度が分かり自分で工夫し改善している。なぜわざわざ全校で統一してやらなければならないのか、その必然性が分からない。

○定期考査の答案に授業に対する感想などを書いてもらい、改善に生かしていることは従来からいろいろな先生がやっており、それでいいのではないか。

○楽しい授業、面白い授業をやれば生徒の評価は上がるかもしれないが、教員としてこれを教えたい、というものがある。生徒が興味を持てなくても、必要なことを教えなければならない授業もある。生徒にはそれを判断することはできない。知識を身につける時はつまらなくても、生徒がきちんと授業を受けることが大切なのではないか。評価を気にすると生徒に迎合した授業になり、結果的に授業の質が下がる。

○何のための評価か目的をはっきりしておかないと、評価が一人歩きする危険性がある。
○授業中は寝ている、教科書は持ってこない。あんな授業態度の生徒が、授業を評価する主体とはなりえない。
○評価のポイントを決めると、そこばかりに授業の内容が集中するので、よくないのではないか。
○授業評価アンケートは必要ない。テストで評価はできる。生徒が授業を評価するためには期待値が必要で、それを生徒が持っているだろうか。評価が目に見えやすい教科とそうでない教科もあるので、一律に評価するのは意味がない。生徒が目標を持つことが大切。
○学校としてはいろいろな取り組みをしており、個々のモチベーションも違う。授業に生徒を参加させること、生徒と一体となる授業が大切なのではないか。

出された意見の多くは慎重論、もしくは反対論でしたが、その一方で以前から、授業評価票を作り、授業改善や生徒の授業への取り組み状況を点検している若い教員が、「私はこんな風にやっています」と報告し、ベテランの教員の方が新鮮に受け止めている場面も見られました。

慎重論、反対論にもそれぞれ重要な指摘があり、以上の論議を踏まえて、学校評価システム運営委員会が引き続き「授業改善」について研修会を開き、検討・協議していくことが確認され、二〇〇四年度の授業評価票アンケートの導入は見送られました。

見送られたとはいえ、教職員全体で論議したことによって、それぞれの生徒観、授業観、評価観などの問題意識が明確になりました。日頃なかなかそこまで意見を言い合える機会がなかったのですが、

「あ、この先生はこういう考え方をもっていたのだな。」と、互いにとても参考になりました。改めて生徒の現状や、今後の授業改善の課題が共有できました。

四、授業アンケートと生徒との信頼関係

二〇〇五年度は、一学期末に学校評価システム運営委員会が具体的に検討し、ポイントを次のようにしぼりました。

①「授業評価票」という言葉を使わず、「授業アンケート」とすること
②ねらいは授業評価ではなく、あくまで授業改善であり、授業は教員と生徒が双方向でつくっていくものであること

そして、次のように職員会議に提案しました。

〈授業アンケート実施のねらい〉
教員が自らの授業を振り返るだけでなく、生徒が授業をどのように捉えているかを知り、授業改善に役立てる。このことを通して、授業は教員と生徒が共同してつくるものであるという意識を生徒の中に育む。授業への取り組みや学習活動について生徒自身が自己評価を行うことが重要。授業アンケートは、全校統一のものでなく各教科ごとに作成する。

〈アンケートの活用〉

アンケート結果は、授業の担当者だけでなく、教科会で分析結果を共有し、授業改善に取り組む。
①三学期最初の教科会でアンケート結果を分析し、話し合う。
②三学期の「学校評価連絡協議会」で発表する。
③アンケート結果や話し合いの結果を「自己申告シート」の授業改善欄に反映させる。
④教科会での話し合いを踏まえて来年度のシラバスを作成する。
〈手順〉
各教科でアンケートの質問項目、様式の検討を行う。
①科目別、授業形態別に作成することは可。
②様式は、記述式、選択式、複合式、(記述式＋選択式)、いずれも可。
③回答にマークシートを用いても良い。
④生徒自身の授業に望む姿勢を問う項目を入れ、生徒が自己評価できるようにする。

アンケート結果は各教科担当が回収し、結果をそれぞれ教科会に報告することとし、職員会議で了承されました。二学期に各教科がアンケートを作成し、一一月末からそれぞれの教科で実施しました。合意づくりから実施に至るまで、約二年間の時間を費やしましたが、結果的に了承されたのは、「授業評価票」という表現を「授業アンケート」に変え、ねらいを教員と生徒が共同して授業をつくることに置き、目標管理にならないように配慮したことです。教員一人ひとりは、「より良い授業をしたい」、「生徒に分かる授業をしたい」という願いを持っています。そのことが尊重された時に、合意が形成されたといえるでしょう。

学校自己評価制度が導入され、「授業評価をやらざるを得ない」という雰囲気が醸し出されたという面も否定できませんが、各教科が柔軟に対応できるようにシステム設計したことや、前年度の「開かれた」議論が生かされた結果であるといえるでしょう。

例えば国語科の教科会では次のように議論されました。

○生徒と教員を、評価する側、される側に分けるようなアンケートは望ましくないのではないか。この間国語の授業では、そのような取り組みはしてこなかった。

○生徒が国語の授業にどのようなことを求めているのか、それが分かるようなアンケートにするべき。

○国語の授業のねらいは何なのか、それを生徒に理解してもらいたい。

○現代文、古典と分けずに、「国語」という教科を生徒がトータルでどのように見ているかを知りたい。

そこで、左のようなアンケートを作成しました。

読者の中には、「あんなに議論したのに、アンケートはこんなに簡単なの？」と肩透かしを食ったように感じた方もいらっしゃるかもしれません。

つまり、国語科では「授業評価」と肩肘張らずに、気楽に生徒の声を聞いてみよう、アンケートは

国語科　授業アンケート

1. 国語の授業にどのようなことを望みますか？（複数回答可）

ア　日本の伝統的な文学に触れたい　　イ　昔の人の考え方や習慣を知りたい
ウ　自分の考えを的確に表現する（話す、書く）力を身につけたい
エ　人の意見を聞き、理解する力を身につけたい　　オ　文章の読解力を身につけたい
カ　作品に表れた思想や感情を理解したい　　キ　漢字や言葉の意味を理解し身につけたい
ク　文法を身につけたい　　ケ　教養の幅を広げたい
コ　進路に役立つ知識を得たい　　サ　新聞を読んだり、社会で役立つ知識を身につけたい
シ　豊かな感受性を育てたい　　ス　その他（次の欄に記述してください）

2. これまで受けた授業から、改善すべきことや要望があれば次の欄に記述してください。

そのためのツールなのだ、と考えたのです。アンケートの結果はどの学年・クラスも「ウ　自分の考えを的確に表現する（話す、書く）力を身につけたい」、「オ　文章の読解力を身につけたい」、「キ　漢字や言葉の意味を理解し身につけたい」が三〇％前後になり、上位三項目を占めました。

二〇〇五年二月二二日に行われた第七回学校評価連絡協議会」では、「平成一七年度総括研修（各教科授業評価アンケート結果及び改善策）」の資料で、国語科から次のように報告しています。

「あんな生徒は評価する主体となりえない」と言っていた教員が、各教科からアンケート結果が出

国語科アンケートの結果を受けて

今回、アンケートを作成するにあたり、現代文、古典と分けず、広く国語の観点から「国語の授業にどのようなことを望みますか?」という質問の下、一三項目を設けた。

結果、どの学年・クラスにおいても大体以下の三項目を選ぶ生徒が多い傾向が出た。（実施者は現代文担当者）。

ウ　自分の意見を的確に表現する（話す、書く）力を身につけたい
オ　文章の読解力を身につけたい
キ　漢字や言葉の意味を理解し身につけたい

これを受け、教科会で検討した結果、以上の三項目は現在重視して授業を行っている観点であることを再確認し、それが生徒のニーズとほぼ一致していることから、今後とも授業を行うさいの基幹にしていくということで意見がまとまった。

た年度末の研修会では、「授業アンケート結果は、生徒を信頼できるものであった」という発言に変化したことに驚かされました。教員の間には、アンケートを実施する前には不安もありましたが、生徒が誠実に応えてくれたことによって、改めて生徒を信頼する力が生まれたのです。生徒の方も、アンケートというツールによって、自分の声を発信できることが新鮮だったのかもしれません。時間はかかっても丁寧に教職員間で合意づくりを進め、授業は教員と生徒と共同でつくるものという視点を明確にしたことが徐々に浸透し、アンケート結果によって双方の信頼関係が強まったと実感できました。

五、四者協議会での「授業改善」

以上の様に、校内での授業改善について合意を形成している間に、四者協議会では先行して「授業改善」を協議事項として話し合っていきました。初めて四者協議会の形が整えられた二〇〇五年二月の第四回学校評価連絡協議会では、携帯電話持ち込み禁止の校則について協議された後、授業改善について議論が行われたました。その一部を紹介します。

以下、S＝生徒、T＝教員、P＝保護者、C＝地域代表です。

第四回（二〇〇五年二月一八日）学校評価連絡協議会

T_1（当時の教務主任）：今日は授業について、言いたいこと、何でもいいから言ってください。

教務主任が一言だけ言うと、次々と生徒の手が挙がりました。

S1……授業に身近なことを取り上げてくれると分かりやすいです。

S2……先生方の授業はアクションが少ないんですよね。もっと身振り手振りも使って、動きのある授業をしてほしいと思います。

S3……一部の人だけが分かる授業でなく、みんなが分かる授業をやってほしいです。

S4……英語の授業はつまらない。眠くなっちゃうんですよね。もっと面白い授業をやってほしいです。

T2……英語の授業というのは、私のことだと思うので発言します。今日私は、数学の授業を見学させていただきました。きっとすごく分かりやすい、いい授業だったんだと思うのですが、私にはよくわかりませんでした。やはり勉強が足りないと分からない。今の生徒たちは私の高校時代と比べても、勉強が足りないと思うんです。英語は単語を調べてきて授業を受ければ、面白いと思うんです。何もやってこないで面白い授業をやって、と言ってもそれは無理だと思うんです。だまされたと思ってしっかり単語を予習してきて授業を受けてみてください。そうすればきっと英語が面白くなります。

S5……僕たちも勉強不足だったと感じました。もう少し予習をするようにしてみたいです。

以上のように、初めて四者協議会形式で実施したにもかかわらず、生徒が次々と発言する姿に日頃の授業に対する不満や要望、期待が感じられ、公の場があれば生徒はしっかり発言できるという手応えを感じました。また特にT２の若い英語教員が、生徒の発言を正面から受け止め、しかし決して生徒に妥協せず、それでいて生徒を励ました発言には、四者が深く頷きながら聞き入ってしまいました。今まで公の場で、こんなにも授業について率直に生徒と語り合ったことがあっただろうか、これこそが、学校の教育力を高める力になるだろうと、深い感動を与えた発言でした。

終了後、生徒会顧問からも、「普段はおとなしく授業や生徒会役員会でも発言しない子が、一年生の代表だと思って自分から手を挙げて意見を言っているのには驚きました。」という感想が述べられました。この協議会に参加した教職員と生徒は、「授業はともにつくるもの」であることが実感でき、双方とも協議内容への充実感が高まりました。「次は授業についてこんなことも話したいね。」、と次回の協議会に期待する教員の声も飛び出しました。「英語はつまらない」と発言していた生徒は、翌日早速予習したノートを見せに来ていました。

この協議会の後に行われた授業改善の研修会では、「教員個人の授業実践の積み重ねを、教科や学校全体で共有していこう」、という発言にもつながりました。今までは、教員個人が授業改善の取り組みを行っていたとしても、それがなかなか教職員同士にも、外部にも伝わっていませんでした。しかし、協議会でオープンに議論されたことによって、「授業改善」が学校全体で取り組む課題に位置づきました。

その後の四者協議会で、授業改善について引き続き協議されたその一部を紹介します。

第六回（二〇〇五年一一月二九日）学校評価連絡協議会

C1……各教科の評価アンケート案を見ると、ねらいがバラバラですね。生徒の授業姿勢を重点に聞くものから、授業改善の資料にしようというものまで……これからは学校として一定のフレームを持ったものにするのですか？

T1……今後、各教科で検討していきます。

C2……学校経営の一つとして学校評価があります。工場であれば商品が評価の対象になるでしょう。では東高では何が商品なのでしょうか？　生徒一人ひとりをすばらしくするというのが商品なのでしょうか？　いやそうではない。授業だと思うんですね。

高校での授業の約束は、どの程度のものがあってやられているのでしょうか。それが一つの視点で、二つ目は教師側から見た授業、三つ目は生徒が授業に臨む姿勢だと思うんです。声の大きさとか板書の仕方とかは、小中学校ではもうとっくにやっている。高校で求められているものはそういうものでなく、先ほど授業を見させていただきましたが、倫理の授業でカントだとかヘーゲルだとかが出てきて、生徒が一所懸命考えていた。そういう専門的なものが求められているのではないでしょうか。

P1……「視点をしっかり」というお話がありましたが、各教科にはそれぞれねらいがあると思うんですね。先生が「これを教えたい」という熱意が必要だと思うんです。アンケートによっては書きにくそうなものもあるようなので、子どもにもっとアピールしてください。ねらい、願いをもっと子どもにぶつけてほしい。

C_3……授業レベルというか、評価基準は厳しいんじゃないでしょうか。

T_2……授業は生徒と教員でつくっていくものだと思います。

S_1……アンケートで、「やさしい」、「ゆるい」教科がいい評価を受けるわけではないと思います。厳しい授業でしっかり分かる、ということがあります。アンケートを取れば、生徒からそういう評価が出ると思います。

学校評価連絡協議会で、授業改善について回を重ねるにつれて四者での協議が深まり、授業改善に向けて具体的な方策を論じる段階になっていきました。この第六回の協議会以降、授業アンケートが生徒に実施されその結果、「授業改善」に関する議論内容について特徴的な変化が表れました。

第八回（二〇〇六年六月二八日）学校評価連絡協議会

S_1……校舎の前の資材置き場の騒音がうるさくて、授業中集中できません。県にそう言うことはできませんか。

校長：そういう意見はよく聞きます。県に言うというより、直接資材置き場の会社に言うことになると思います。

S_2……校舎の上の階の方は網戸がなくて、時々鳥や虫が入ってきて騒ぎになり、授業が中断されることがあります。何とかなりませんか。

校長…それは可能なので、網戸を付けていくように予算もつけながら考えていきたいと思います。

S_3…成績の付け方ですが、一学期の内の二回のテストだけで決めるのはやめてください。試験で体調が悪かった時などは、不利になってしまいます。先生たちはノートのチェックなどもちゃんとして、日頃生徒がどんなにがんばって勉強しているかも、しっかり見てください。

T_1…今後評価の仕方なども研究していきます。

これまでは、生徒が授業を受ける側からの要望を述べるという受け身的な発言が多かったのですが、この回は自分たちの学習環境に目が向き出したことが分かります。それは生徒が学びの主体として、授業に集中できる環境を学校に求めるように変化しています。またこの四者協議会が、自分たちの意見表明ができる場であるという認識が生徒の間で広がり、生徒会役員以外の生徒の発言が目立ちました。そういう生徒が、成績基準についてまで言及する姿には、思わず目を見張ってしまいました。おそらくS_3の発言をした生徒は、自分の努力がまっとうに評価されなかった悔しさを味わったことがあり、きちんとそれを教員に知ってもらいたかったのではないでしょうか。この生徒は三年生になって初めてこの協議会に参加し、堂々と自分の意見を述べたのです。それは、協議会の様子が生徒にフィードバックされ、「自分が思っていることを言っていいんだ」という安心感があったからこそ、四者に背を押されて声に出すことができたのではないかと感じられました。教員の側も、それをしっかり受け止めることが求められるのだな、とつくづく感じました。「先生は自分たちに対してどのような基準で評価をつけているのか」、と学びの主体として疑問を持ち、その基準について納得できるようにしてほしいという要求が顕在化しました。

第一〇回（二〇〇七年二月二一日）学校評価連絡協議会

学校からの報告

「協議会での意見を参考にし、研修会や職員会議で検討した結果、今までの授業評価アンケートを改善し、二〇〇七年度のアンケートから、各科目とも次の項目は共通となりました。

①授業内容はよくわかりましたか。

②授業を通じてもっと勉強しようという興味や関心は持てましたか。

③授業態度が守られていないとき、先生は適切に指導しましたか。

④あなたはこの授業にまじめにとりくみましたか。

以下アンケート結果の報告があり、協議は次のように進みました。

校長‥授業評価アンケートでは、「授業内容がよく分かる」がだいたいどの教科でも二八％位いっていますが、学校評価アンケートになると、「学校全般に授業が分かりやすく丁寧に教えてもらえる」で「そう思う」が一三％になってしまうのはどうしてですか。

S1‥‥自分は理系で、文系の科目は苦手。理解するのが精一杯でもっと追究しようというところまでいかないんです。「学校全般」だと文理両方入るので、科目で平均化されて下がってしまうんです。それと、自分のクラスではしっかりできていても、学校全体で見るとそうじゃない。

S2……うちの学校は勉強好きな人があまりいないから、分かったらそれでいい。それ以上はもういいや、という感じ？　先生方も「(生徒は) 勉強しない」とよく言うし。分かる教科もあるけれど、分からない教科もあるから全体では低くなってしまうんじゃないかなと思います。

この協議会では、アンケートをツールとして捉え、数値からは読み取れない生徒の意識を明らかにすることができました。これまで教職員の間では授業実態から、「生徒は勉強しない」ということはしばしば問題になっていましたが、勉強に対する意識について、公の場で校長が率直に生徒に聞いたことは、今後の授業改善に向けて双方にとって大切なことでした。これまでも、教員は暗黙のうちにはわかっていたのですが、この協議会で、個々の授業の満足度は高くても、生徒が「学校全般」と捉えた時に満足度が低くなる原因を改善するきっかけができました。「勉強があまり好きではないから、その時だけ分かればいい」という「学びからの逃走」ともいえる実態を正直に語る生徒に対して、本校での授業の目的や教授方法を改めて見直す必要があることが分かりました。一方で、生徒自身にもきちんと勉強しなければならない、という自覚が生まれました。また、自分だけがこの授業をわからなっかたのでなく、他の生徒もそう考えていたんだ、それだったら何とか考えてもらえないだろうか、という思いを込めてアンケート結果を手がかりに、今まで教員に言えなかった「この科目をもう少し何とかしてもらえないか」という発言もありました。協議会で問題提起された後は、率直に授業の中で教員、生徒が双方向で話し合って行くことも必要になります。

協議会に参加している生徒にとっても、自分自身の成長と発達の課題として授業に臨む姿勢が問われており、教員側の問題に留めず、学びの主体として生徒間で協議していくことが求められます。

六、授業改善の具体的取り組み

以上の様な協議と同時並行して、学習面では「チャイム着席（チャイムが鳴ったら授業がすぐ始められるように、教員は早く職員室を出、生徒も授業準備をして待っていること）」や机の上に飲み物を置かない、授業中寝ない等の指導も粘り強く行われていました。授業アンケートで生徒の授業に臨む姿勢が浮き彫りになったことや、協議会では地域代表から「寝ている生徒がいる」などという指摘もあったことで、生徒たちも自分の授業態度を考えるようになっていきました。また、協議会が行われる日の六限は必ず授業が公開になるので、外部の人に見られることへの意識の高まりもあり、徐々にではありますが生徒の授業態度が改善されていきました。

学校評価連絡協議会に参加する生徒は一部にしか過ぎませんが、授業アンケートや日常的な授業での学習指導を通して、少しずつですが効果は表れてきました。

また二〇〇七年度からは、授業を受けている生徒にその年度内に改善が少しでも生かせるようにと、アンケートの実施時期を従来の二学期末から一学期末に変更しました。「アンケートは取りっぱなし」ではなく、授業は教員・生徒とともにつくるということをより実感できるようになったといえます。

第一一回の学校評価連絡協議会（二〇〇七年六月二七日実施）では、アンケート時期の変更が伝えられ、授業改善について踏み込んだ論議となりました。

司会‥今年から授業アンケートの実施時期を早め、授業について教員がより良くしていこうとしていますが、どう思いますか。

S_1‥‥アンケート結果について、生徒には報告されていないんですか。これから学校は報告するんですか。

T_1‥‥要望があればします。

司会‥結果を生徒に答えるのは、それぞれの授業においてだと思うのですが。

S_2‥‥各教科の先生は授業方針はできているのでしょうか。方針が見えないんですが。

T_2‥‥大きい質問だと思います。シラバスが各教室に配ってあります。こういう目標でこういう授業をやります、こういう評価をします、と書いてあって、一年生には三年間分配ってあります。授業評価アンケートも是非真剣に答えてください。

S_3‥‥一応納得できましたけど、うちのクラスは英語が急に進むのが早くなって困っています。急に止まったりの繰り返しで英語が分からない。

S_4‥‥英語の進み具合が試験前になると急に早くなるので改善してほしいと思います。

T_3‥‥英語は一つの学年で共通問題で試験をやっているので、試験範囲は決まっています。それぞれの先生の見込みがあってやっていると思います。教科会で見通しを持って決めています。共通問題なので、担当する先生によって試験前に駆け込みになってしまっているかもしれません。みんなの言う通りなので教科会で話し合ってみたいと思います。

（中略）

T4‥‥今の議論を聞いていて、本来こういう話しは授業で教科担当ととことんやった方がいいと思いました。生徒と教科担当がもっとコミュニケーションをとって考えること、授業で何を教えるかが問題なのではないでしょうか。考えることと知識を教えるということは目的が違います。それを学んでいってほしいと思います。

この協議会では、「英語が分からない」という生徒の意見が集中してしまいました。高校で学ぶ教科の中で、特に英語は単語などの予習が最も必要とされます。そういう点での生徒の取り組み方の問題もありますが、協議会終了後、複数の英語の教員が集まり、授業について意見交換を行っていました。教員の立場からすると、生徒から特定の科目に意見が集中したことの是非もあるかもしれません。しかし、問題点を同一教科内でその場で共有できたことは、有意義でした。教科で前向きに生徒の要望を受け止め、改善しようという動きがすぐに表れたからです。

二〇〇七年度から授業評価アンケートが一学期末に実施されるようになったのは既に述べましたが、その結果英語の「授業内容がよく分かった」という回答（「そう思う」＋「少しそう思う」）が昨年度に比べて次のように変化したのです。

表6　英語の授業理解度の変化

	○六年度	○七年度
英語Ⅰ	六四・七％	六六・三％
英語Ⅱ	五八・八％	六三・三％
生活英語	四五・○％	六四・八％
リーディング	七二・○％	七二・三％

理解度が微増の科目もありますが、生活英語は理解度が大幅に上がりました。英語科教員の努力や管理職の支えもありました。当時の英語科の主任は次のように語ってくれました。

「アンケートを集計していて、英語の『授業内容がよく分かった』という回答が増えていることを自分でも感じました。教科でそんなに話し合いをしたわけでもないのですが、アンケートを取った時期が今までは一二月だったのが、七月になったということは考えられる、と話題になりました。三年生は進路に関わってくるので、なるべく点を取らせてあげたいというのがあって、教科の内容、教材など生徒に理解しやすいものだったこともあり、試験も点数を取らせて上げようという感覚でつくっていたのではないかと思うんです。私は一～三年まで授業に出ているので、試験づくりにもみんな関わって、その結果が出たんじゃないかと思いました。英語科は、一つの学年が共通問題で試験を作るので、私は一年生の試験を作りましたが、他の先生から『もう少し分かりやすい聞き方をした方がいいんじゃないか』とか『答えは選択肢から選ぶ様にした方がいいんじゃないか』という声があり、そうしました。生徒たちは試験で点数が取れたので、達成感があって『よく分かった』に○を付けたのではないかと思います。

自分でも、昨年の教え方と今年の教え方は違うように工夫しています。お互いに慣れてしまい、新鮮なところがないと。『授業は生き物』とよく言われるじゃないですか。何か変化しないとまずいと思います。生徒の変化を見て、良かったんだなと。

『試験の前になると急に授業が進むのが早くなる』と言われたので、共通問題の弊害かと思ったんです。各担当者が自分で試験を作っていたら、そういう問題はなくなるのではないかと。試験に出るポイントも押さえられるし。教科会では、そういう話しはしました。

生徒は、英語の授業は以前より良くなっているのではないか、という反応をしていました。部活の子なんかがそう言っていました。生徒が意見を言ってくれることは、生徒に還元できるのでいいのではないかと思いました。

今アンケート結果は学年別に出していますが、クラス別にして、差が出るようだったら、お互いの授業を見てみるとか、そういう話しを教科でしてみてもいいですね。

生徒へのフィードバックは繰り返しやる……、アンケートの結果を受けて互いにできていること、できていないことを共有する……、提案できる……、教員の側、生徒の側の問題点を指摘し合えればいいですね。

協議会は、いろいろなところからいろいろな角度で見てもらって、意見は言ってもらい、もちろん全部受け入れるわけじゃないですが、生徒の考えも分かる。逆にこちらの要求も言える。協議会は、自分の能力向上にもつながります。いろいろなことを話すと焦点がぼけるので、テーマを絞って必要に応じて年何回と決めるのでなくて、生徒や保護者、地域から求められたらサッと集まってやれたらいいんじゃないでしょうか。」

こんなに生き生きと語ってくれた若手の教員から、授業改善のポイントが四点明らかにされているのではないでしょうか。整理してみます。

①教科での集団論議の有用性

英語科の主任が、生徒の意見をきちんと受け止め、教科会という同じ専門性を持つ集団で論議し、教員と生徒との双方向的な対話と改善が必要であると感じています。そのことによって具体的な改善方法が生まれてきています。

②授業と試験問題作成の同時的改善

試験での生徒の達成感が授業理解の向上につながったと考えられます。協議会での議論がきっかけとなって、試験問題作成のあり方について教科で検討されています。定期考査は、教員にとって生徒の理解度や授業評価の指標となりますが、同時に生徒にとっても自分の理解度を測るものでもあります。教員はしばしば、「勉強しない生徒に問題がある」、「難しい問題にした方が、生徒は勉強するようになるだろう」、「易しい問題だと生徒は勉強しなくなるだろう」と考えがちです。何をどう教え、生徒にどこまで理解を求めるか、授業方法と並行して試験問題が改善されれば、生徒の授業理解度が上がり達成感も増す、ということではないでしょうか。試験問題を分かりやすくすることは、問題の難易度を下げるということではなく、質問の仕方や内容を工夫するということです。従って授業の質を下げることでもありません。

③生徒へのフィードバック

協議会が一つの「装置」となって、生徒の学習活動に反映されました。

授業改善の生徒へのフィードバックは、第一一回目の協議会で教員からの発言があったように、本来自分の授業で生徒と直接的に対話することが最も具体的な改善になるでしょう。英語科の主任が述べているように、教員の側、生徒の側の問題点を指摘し合うというそれぞれの努力によって、授業づくりが双方の「学び」の共同の取り組みになるといえるでしょう。

④教員の専門性の向上

そのためには、一人ひとりの教員が「評価」を恐れず率直に生徒と向き合ってそれを受け止め、自分自身の課題を明らかにしながら専門性を高めていくことも求められます。より良い授業をしたいと願う英語科の主任は、「授業評価」、「学校評価連絡協議会」の意義を積極的に受け止め、自分自身の学びの機会として前向きに生かそうとしています。

七、教職員の専門性の向上を目指して

佐藤学氏は、教職の専門職化を推進する理論と実践について、二つのモデルを提示しています（『教育方法学』一九九六岩波書店）。

一つは、専門性の基礎を専門領域の科学的な知識と技術の成熟度に置き、教師の専門的力量を、教科内容の専門的知識と、教育学や心理学の科学的な原理や技術で規定する考え方に基づく、「技術的

熟達者（technical expert）」モデルです。もう一つは、教職を複雑な文脈で複合的な問題の解決を遂行する文化的・社会的実践の領域として設定し、教師の専門的力量を、教育の問題状況に主体的に関与して、子どもと生きた関係をとり結び、省察と熟考によって問題を表象し、解決策を選択し判断する実践的な見識に求める、「反省的実践家（reflective practitioner）」モデルです。

草加東高においても、教師間でこの二者のモデルが葛藤するケースもあり、また二者のモデルが一人の教師の中で混在しているケースもあります。それは二項対立で論じられるものではなく、生徒を含めた学校の実態から、教職員の専門性を論じることが求められます。これは、個々の学校の問題ではなく、教職員評価に対するオルタナティブともなり得る、教職員全体に関わる課題となるでしょう。教員は、「専門性を高める」ことを、自分の教科の専門性と狭く捉えがちです。教育学や心理学の科学的な原理や技術に基づきつつ、生徒が置かれている文化的・社会的背景を理解し、生徒の成長・発達を支える専門性が求められます。

開かれた学校づくりをめざすためには、浦野氏が指摘するように、教員の専門性に、生徒、保護者、地域をつなぐコーディネーター的な専門性も必要とされます。

第四章　四者協議会の生徒・保護者・地域・教職員の「参加」と「共同」

さて、四者協議会で、携帯電話持ち込み禁止の校則の見直しや授業改善を軸に、学校の変容を述べてきましたが、それ以外に協議された事項に広げて、四者の「参加」と「共同」意識の変化について述べたいと思います。

一、服装についての協議からみる生徒・教職員間の意識変化

(1) 制服のリニューアルについて

本校では創立一〇周年に制服を改定しましたが、その後十数年見直しを行っていませんでした。開校当時の制服は、生徒からも保護者からも評判が芳しくなく、創立一〇周年を期に思い切ったイメージチェンジを図ろうということになったのです。生徒からデザインを募集したり、文化祭での制服ファッションショーでは生徒がモデルをしたり、学校を上げての取り組みとなりました。その結果、現在の制服にモデルチェンジされ、好評になり入試の倍率も上がったほどでした。生徒たちは自分たちの意見が反映されて新しくなった制服に誇りを持っていましたが、それから一五年以上たち、流行に

影響されスカートが短すぎるのではないか、リボンの付け方がだらしないのではないか、という問題がおきていました。また、経済的にも制服の購入は保護者の負担が重いため、業者と購入価格の見直しを進めるべきだ、と生徒指導部で検討されました。

制服は、ある意味で独占価格的な性格をもたざるを得ません。制服を縫製・販売する業者は三年先の入学者数まで見込んで生産を行っていますし、買い換えのための在庫も抱えていますので、すぐに業者を変えることはできません。学校は、それらのことも考えなくてはなりませんので、見直しを決定してから実際に変えるまでには三年計画になってしまいます。しかし、現在在籍している生徒の経済的負担を少しでも早く改善しようと、現在の制服のスタイルはそのままにして、生地の材質の見直しなどを検討し、数社から見積もりをとり、価格をさげようという提案が生徒指導部から出されました。繊維メーカーや縫製の技術革新によって、価格を従来より低く設定することが可能となっていたのです。そこで、現在の制服を二〇〇六年度からリニューアルすることになりました。

生徒指導部が五つの業者にリニューアルモデルの作制を依頼して、プレゼンテーションを実施し、その結果が職員会議に提案されました。そこで、教職員の投票で業者が決定されそうになりましたが、「制服については、着用する生徒が一番の当事者です。今まで開かれた学校づくりを進め、学校評価連絡協議会などで生徒や保護者、地域の意見を積極的に聞いていこうという取り組みをしてきました。制服をリニューアルするなら、生徒や保護者の意見も聞くべきではないでしょうか。」、「携帯電話持ち込みについては、協議会で話し合い、生徒の自覚も高まりました。身だしなみについて生徒にも考えさせるために、生徒の意見を取り入れていくことも必要ではないでしょうか。」という意見が出されました。

その結果、九月末に行われる体育祭を挟んだ一週間を、生徒・保護者への制服リニューアルモデル公開期間とし、それぞれ投票してもらうことになりました。生徒は、展示してある大会議室を覗き、一票入れていきました。体育祭を見学に来た保護者も、一票を入れていきました。生徒・保護者が十分に参加できたとはいえませんが、投票の結果は教職員、生徒、保護者とも同じ業者に一致し、職員会議で改めて二〇〇六年度からの制服が決定されました。生徒や保護者の意見を聞くと、バラバラな結果が出て業者を決めにくくなるという危惧もあったとは思いますが、制服を着る生徒、制服を購入し洗濯などの衛生面を考える保護者と、学校の考えが一致したことは、やはり互いの信頼関係が深まったという安心感が広がりました。

学校自己評価制度が導入され、四者協議会が開催されることによって、今まで学校の中だけで決定されてきた制服改定の課題が、生徒、保護者の意見を聞き共同で決定できるようになりました。投票結果が一致しなかった場合に、生徒、保護者の意見がどれだけ重視されたかは疑問が残るかもしれません。また、最終決定機関は職員会議であることなど、議論の余地はあるでしょう。しかし、協議会以外の場でも「生徒、保護者の意見を聞く」というプロセスが重視されるようになり、日常の教育活動の中で、「開かれた学校づくり」が教職員間に定着していきました。

制服の着方については、教員から生徒への一方向的な指導になりがちですが、生徒が意思決定に関わったことで、生徒の自覚も芽生えました。制服を着崩すことは、生徒にとってある意味での自己主張です。「腰パン」などサブカルチャー的な傾向が社会的な背景からも広がっており、四者協議会でもしばしば話題になっていましたが、生徒自身が制服の着方について主体的に考える機会をつくることができました。その後、男女ともにネクタイにするなどの工夫がされ、生徒指導とも合わせて制服の着崩しについてはかなり改善されました。

(2) ルーズソックスの着用について

二〇〇五年一一月に行われた第六回の学校評価連絡協議会では、生徒指導部の教員からリニューアルされる制服の披露や価格説明がありました。その際、「制服のリニューアルとともに、ルーズソックスの着用を禁止したい」という発言がありました。その理由は「ルーズソックスはだらしなく見える。また、入学式や卒業式、始業式や終業式などの儀式の際はルーズソックス禁止だが、守れない生徒がいるためである」と説明されました。

それに対して生徒からは、「先生がルーズソックスをダメという理由に、うちの学校は儀式の時は正装と決まっていてルーズはダメなのに、違反者がいるからと言いますが、ほとんどの子はきちんと守れていて、違反者はほんの数人なのに、そのためにルーズが禁止になるのはおかしいと思います。」という意見が出されました。生徒指導部からは「決定したことではないので、どんどん意見を言ってください」という回答があり、協議が行われました。協議会はその場で結論を出す性格の会議ではないため、意見の交換に終わった面もありますが、これをきっかけに教職員、生徒双方で「生徒と生徒指導部が直接意見交換の場を設けよう」ということになりました。

意見交換会は生徒六～七人ほどの少数でしたが、生徒会役員は一名しか都合がつかず、それ以外は意見を直接言いたい普通の生徒が集まってきたのです。生徒たちは、四者協議会を通して自分たちに関わることは自分の意見を言える、と普通の生徒にも浸透していたからです。実は、後で生徒から聞いた話なのですが、生徒たちは意見交換会が行われる前に、何日間かかけてシミュレーションをおこなっていたのです。先生から出されるルーズソックス禁止の理由を予想し、それに対する反論を自分たちで考えました。さらに先生から反論されたら、どう言ったら良いだろうか、と智恵をしぼりあって想定問答の練習していたのです。当日参加できない生徒は、自分の思いを友達に、「こういう意見があることを伝えてほしい。」と託していました。

意見交換は次の様に行われました。

S1……ルーズソックスをはいていても、授業に支障が起きるわけではないので、禁止しないでください。授業態度と関係させるのは納得できないいんですけど。

T1……自分自身が授業をするときは、ネクタイとスーツで臨むことをモットーにしています。そういう心構えで授業をやっていることを理解してほしいし、生徒にとっても授業を受けるきちんとした心構えが大切なのではないですか。

T2……やはり服装は心の内面が表れると世間の人からは思われるのでは？　協議会でもそういうことがよく話題に出ますよ。

S2……ルーズソックスをはいている、はいていないで内面まで決められるのはおかしいいんじゃないですか？

S3……私たちは今までルーズソックスをはくことができていたので、はきたいと思う後輩たちにも同じようにしてあげたい、という気持ちがあるんです。今まで良かったのに、制服が変わるととなぜダメになるのか理由が分からないんですけど。

T3……ルーズソックスをはやらせたのは、大人の責任でもあると思うんですよね。それで利潤を上げている人たちもいる。そういうコマーシャリズムに乗せられる生徒であっていいのか、みんなに考えてほしい。あなたたちは消費のターゲットにされているのですが、それに気づいていますか？　ルーズソックスを禁止にするかどうかは、まだ先生たちもこれから考えて行きたいと思います。

S4……私たちは、なぜルーズがダメなのか、その理由がまだ納得できないんですけど。これからも私たちの意見を聞いてください。

意見交換会が終わった後、教室に戻った生徒たちは、「今回は先生たちに負けたけど、次は絶対に勝ちたい！」と言っていました。生徒の「勝ち」、「負け」という言葉のこだわりにあるものは、自己変革の葛藤です。浦野氏は、「子どもの権利条約」の英文テキストでは、「『意見』は opinion ではなく view である。英和辞典をひくと view ＝（個人的感情・偏見を含んだ）意見とある。」（『開かれた学校づくりの実践と理論』二〇一〇年、同時代社）と注意を喚起しています。「子どもの権利条約」に照らし合わせれば、生徒の道理はまっとうなものです。教員にルーズソックス着用を納得してもらうには、生徒に相当な理論的力量がいります。一度でへこたれてあきらめず、また挑戦しようという生徒は、公に意見が言える場の保障と、仲間とのつながりが支えていると感じられました。このような経験を、学校生活で繰り返し経験することは、主権者教育でもあります。

四者による学校評価連絡協議会は、学校のフォーマルな会議ですが、それに対してこの二者の意見交換会は、いわばインフォーマルな会議といってもよいでしょう。しかし、特定のテーマに絞って、教員と生徒が率直に意見を語り合える場が気楽にもてるようになったことは、二者に信頼関係を作りました。

これまで校則については、生徒指導部で原案が出され職員会議で承認されれば、生徒に事後報告され、それを守ることが求められていたわけです。しかし、四者協議会が回を重ねるにつれて、教職員の側にも校則を決定する前に、生徒の意見を聞く機会を設ける必要性が共有されるようになりました。携帯電話のケースは既存の校則の見直しでしたが、ルーズソックスについてはこれから校則を変えようとするケースであり、改変の前に生徒の意見を聞くということは、本校にとって新たな試みであるといえます。校則は学校の専決事項であり、生徒の意見を聞く必要はないと考えている教職員がいることも事実ですが、開かれた議論ができるようになったことは、教育活動の活性化に反映するようになりました。

（3）部活動について

二〇〇六年一一月二八日におこなわれた第九回学校評価連絡協議会では、部活動について生徒から次々と要望が出されました。

S1……ダンス同好会を作りたいんですけど、顧問がいないと生徒会規程で作れません。色々な先生にお願いしてみたんですが、だれも顧問になってくれません。

T1……既にどの先生も部活動の顧問になっていて、中には複数の部活の顧問になっている先生もいます。これ以上、新たな顧問を引き受けるというのはなかなか難しいです。

S2……顧問によっては、なかなか部活に来てくれない先生もいます。先生も忙しいのは分かりますが、いてほしいです。

T2……先生たちは授業の他に、クラスのこと、進路指導とか様々な仕事があり、全体の生徒に関わることだからそれを優先すると、部活に行く時間がなかなか取れません。

S3……部活でうまくなりたい、という気持ちがあるから、専門的なことも教えてほしいです。

S4……顧問の先生が専門家じゃない部活があることも分かります。専門的なことを教えるのは無理でも、いてくれるだけで自分たちには安心感があり、困ったときに相談できるので、来てほしいです。

C1……自分の高校時代を思い出しても、部活は大切な思い出です。生徒のみなさんには貴重な三年間、頑張ってほしいです。

C2……生徒のみなさんの気持ちはよくわかります。先生方が大変お忙しいこともよく分かります。学校だけで問題を解決しようとするのは、かなり難しいのではないでしょうか。私の大学の学生が、例えばボランティアなどで部活動を指導する、ということができるかもしれません。希望する学生はいると思いますので、呼びかけてみてください。

S5…今まで意見を聞いていると、みんなは先生のことばかり言うけど、自分たちはどうなんですか？　部活にちっとも来ないとか、一所懸命やっている人がいるのにいい加減にやっていたり！　自分たちの部活の態度も考えてください！

部活動の協議についてまとまりかけた時に、S5の生徒がたまりかねたように手を挙げ、泣きながら訴えました。その生徒は部活をよくしたいと一所懸命頑張ってきたのに、生徒の方が応えてくれなかったという思いをこらえきれずに、自分の力を振り絞って発言したのです。会場はシーンとなりました。部活動が生徒の成長にかけがえのないものであることを、参加者は感じさせられました。翌年二月二一日におこなわれた第一〇回の「学校評価連絡協議会」では、生徒会から引き続き部活動・同好会について議題として出されました。顧問を引き受けてくれる先生がいて、ダンス愛好会が生まれたことや、部活動の様子などが報告されました。

二、生徒、保護者、地域代表の「参加」と「共同」の意識変化

(1) 生徒会活動と生徒間の「参加」と「共同」の意識変化

①生徒参加を広げる模索

さて、四者協議会の協議事項を見ると、協議会ごとの連続性がないという指摘もあります。セー

ターの自由化やルーズソックスなどの協議事項については、その場で終わってしまい、次の協議会につながっていないように見える事実はあります。

しかし、生徒会からの課題提起がその場かぎりになっているように見えても、生徒会は生徒の要求を汲み上げ、協議会の場でいかに提案するかについて、継続的に努力しています。

例えば協議会が実施されるようになってから、生徒会アンケートの結果を発表し、学校に対する要望が伝えられるようになりましたが、生徒会役員一〇数名とその他七〇〇余名の生徒との関係性は、アンケートだけで築かれていたとはいえない面もありました。その間、携帯電話やルーズソックスについての意見交換会が実施され、一般の生徒の参加もありましたが、まだ組織的な動きにまでは至っていませんでした。しかし、回を重ねる毎に次のようにシステマティックになっていったのです。

②ホームルーム委員、部活動代表の参加

生徒会役員は選挙によって毎年変わるため、一年たつと役員が交代し、また一からやり直しになってしまいます。生徒会顧問も、新たなメンバーで一から指導をすることになります。しかし、たとえ一年生であっても、自分が学年代表だと自覚した生徒は、一所懸命意見を述べます。また、協議会を重ねるごとに、一年生の時から参加していた生徒が上級学年になった時、中心になって協議会で意見を述べるようになっていました。そういう生徒が役員にも積極的に立候補するようになり、生徒会長が信任投票でなく、複数候補者が立ち、公約を訴えるようになった年もありました。このことを通して、生徒会活動もホームルームに根ざしていくようになりました。

自分が意見を述べる際には、生徒代表であるという立場を考えるようになり、個人的な意見を述べるだけでなく、ホームルームで話し合われた結果を、協議会で伝えていくようになっていきました。第八回の協議会（二〇〇六年六月二八日）からは、事前にホームルーム委員会が開かれ、各ホームルームで話し合われた内容を直接聞く場もつくられるようになりました。こうして、生徒間での直接対話の関係もつくられていきました。

また、部活動も特別活動の一環であり、部の予算作成などは生徒会の所掌事項であることから、「部活動について要望があれば、部の代表として協議会に参加しよう」という動きも起こり、第八回から生徒の参加者が増えていきました。それ以降生徒の参加者数は、毎回五〇人位にのぼり、生徒は主体的に生徒会活動を活性化していきました。

③生徒会活動の活性化——生徒の要求をまとめる力——

生徒会役員が選挙で選ばれ、新しい方針を立てる際には、毎年生徒会アンケートに取り組んできましたが、第一〇回の協議会（二〇〇七年二月二一日）ではそれが十分行えず、自分たちの意見が生徒の意見を十分反映しているといえるか、役員は不安を抱えていました。生徒会役員は協議会終了後、総括を徹底的に行っています。「自分たちが言いたかったことは何だったのか」、「それをうまく伝えることができたかどうか」、「伝えられなかったとしたらどこに問題があったのか」、「伝えられたんだけど、先生の発言で議論の方向が変わってしまって、それを自分たちが修正できなかった」、など熱い議論を生徒同士で闘わせています。その反省を生かして、第一一回の協議会に向けて再度、学校に対する要望を聞くため生徒アンケートに取り組みました。

アンケート結果をまとめると、生徒から学校に対する細かい一方的な要求が目立ち、協議会という「公」の場で生徒会から提案する内容としてふさわしいだろうか、と分析力が高まった生徒会役員が考え込んでしまう場合もあります。そこが未消化になってしまうと、協議会での生徒の意見も建設的な内容より、教員に対する細かい一方的な要求になってしまい、「では、生徒は何をしたいのか、どう努力するのか」という視点が抜け落ち、「今日の君たちはつまらない」と指摘されてしまったことがあります。しかし、その時の生徒会顧問は、「参加したホームルーム委員は、クラスでも討議してきています。クラスでは同じような意見も出されているので、生徒会役員が言った内容は理解しており、自分たちもどうしたらいいか、考えるきっかけになったと思います。」と述べています。

④今、生徒が一番元気!!

草加市内には県立高校が四校ありますが、二〇〇五年頃から埼玉県が各校独自のエアコン設置を認め、草加東高を除く三校ではクーラーが各教室に設置されました。しかし草加東高は、学校の団体会計の予算が足りず、クーラーが設置できないままでした。そこで第八回の四者協議会（二〇〇六年六月二八日）では、クーラー設置が協議事項になりました。「学校前の道路はダンプカーが通り、夏は窓を開けているとうるさくて集中できない。」、「学習環境が悪いと、中学生にとって魅力がない高校になってしまう」など生徒は一所懸命理由を述べます。ところが、クーラー設置には六〇〇〇万から七〇〇〇万円近くの予算が必要なため、どんなに熱心に協議会で議論しても、実現できない厳しい現状があります。しかし生徒はあきらめません。その後の協議会では、「クーラーがダメなら扇風機を設置してほしい。」と新たな提案をします。それも予算や工事、効果などからダメ出しをされます。地域の地元大学代表からは、「生徒さんはあきらめずに、次の方法を考えて提案しているなと感心させられました。予算で実現が難しかったら、どんな方法があるか、アンケートを取ったりして、戦略を練ってみたらどうでしょうか。」というヒントも出されました。すると次の協議会では、「体育の後の授業は汗で制服がぐっしょり濡れてしまうのでせめて体操服のままで受けさせてほしい。」など、できるところからの改善策も生徒から具体的に出てきます。すぐ実現するわけではないのですが、教職員と保護者、地域代表の納得や合意が得られるように、生徒はねばり強く智恵を絞っています。それは回を重ねるごとにエンパワーメントされ、生徒が力をつけていっていることが感じられます。

第二〇回の協議会（二〇一〇年六月二二日）では、学校のグランドデザインに基づいてアンケート項目を生徒会が作り、学校に対する要望や自分たちの到達点、課題などをきちっとまとめて報告し、説得力があるものになりました。例えば、「トイレ掃除をさぼっているわけではないのに、汚れと臭いが消えません。定期的に業者に入ってもらうことはできませんか？」という要求を出しています。つまり、一方的に学校に要求するのではなく、先ず自分たちがきちんと取り組んだ上で、それでも改善できないことを協議会の議題として提案しています。また、「平成一九年度の協議会では、登校時の裏門の開錠は、新駅ができたら再検討するという回答を得ていますが、今年から新駅は開業されました。まだ裏門は閉ざされたままですが、検討していただいているのでしょうか。」という質問も出されています。現在の三年生がまだ在籍していないときの協議会の内容もきちんと踏まえた上で、自分たちにとって切実な要求を、しっかりした根拠に基づいて提案できるまでのレベルになりました。このときのアンケートは一年生からは一〇〇%回収し、全校でも九七・七%の生徒から回収しており、その結果もグラフにしてしっかり分析できていました。ホームルームに根ざした日常的な活動が四者協議会に結びつき、この回の生徒の参加者は、傍聴席まで埋め尽くし八〇人ほどにふくれあがっていました。参加が全校生徒の約一割を超えたのです。

四者の中で、今、生徒が一番元気です。生徒会役員は、二、三年生だけで三〇人を越え、一年生にとっては生徒会役員になることは「憧れ」の状態になっている、とも言えます。「やりがい」が生徒会の魅力なのです。

(2) 保護者、地域の「参加」と「共同」の意識変化

四者協議会の最後には、評議員である保護者、地域代表の参加者一人ひとりにその日の感想を述べてもらっています。その感想を聞いていると、学校に関わることで地域の方の意識が変化していることが感じられます。いくつか、その感想を紹介します。

第五回（二〇〇五年六月二一日）

○地元中学校校長代表

本校の卒業生が、東高の生徒会で活躍してくれて嬉しく思っています。中学校の時はそれほど生徒会活動をやっていたわけでないと思いますが、高校に入って成長した証だと感じました。中学三年生の入試面接練習をやっていても、東高を志望校に挙げる生徒がいると嬉しい。体験入学などで先輩の

姿を見て決めることが多いようです。それだけに、日頃の東高生の姿が見られているということでもあるので、その辺をみなさんはよく考えてください。

○保護者代表

携帯電話のマナーなどはジワジワと広がっていくものだと思うので、あきらめずに生徒に働きかけていってください。

○地元大学代表

ルールは「守る」ものではなく、次々とつくっていくものではないでしょうか。そうすると校則が見直された経緯を知らない一年生も、ルールに関わっていくことができます。そういう意味で、「つくっていくこと」を続けてほしいですね。

第六回（二〇〇五年一一月二九日）

○地元中学校ＰＴＡ代表

前回初めて東高に来ていやだなと思ったのは、学校が汚いことでした。でも今日はきれいだった。きれいだとやはり学校が良く見えます。

○保護者代表

ＰＴＡとしても言うだけでなく何ができるか、子どもたちが一所懸命やっていることに応えたいと思いつつ、まだ答えは出ていませんが、これからの東高が楽しみです。

○保護者代表

こういう場で意見を言わせていただいたり、聞かせていただいたりしていますが、それだけでなくＰＴＡにやってほしいこともどんどん言っていただきたいと思います。

○保護者

最低一回は意見を言いたいと思って参加しましたが、親からの発言の人数が増えて良かったです。次回も楽しみにしています。

○地元大学代表

私のゼミで、教育実習に行った学生が最後の授業で言った言葉を紹介したいと思います。「学校を面白くするのは結局自分。つまらないと文句ばかり言ってもダメ。自分の高校時代を振り返って、そう思います。学校を面白くしようと思えば、まず自分が動くことです。」この言葉をみなさんに贈りたいと思います。

第七回（二〇〇五年二月二二日）

○保護者代表

今回三回目の参加で、一年間皆勤で出席できて嬉しいです。

○保護者代表

聞いていると、生徒さんの自己評価が低いのではないでしょうか？　それは、当たり前のことができていない、という風に聞こえるのですが。でも当たり前のことができたらスゴイと思います。もっと喜びや希望を持ってほしい。学校が楽しい、明るいと思うことが大切ではないでしょうか。

第八回（二〇〇六年六月二八日）
○保護者代表
この協議会を通して、学校が少しずつ良くなっている気がします。
○地元市教委代表
今年四月に市内一一中学校から東高への進学は一二五人で進学率四五％。市内四高校ある内、草加市の中学生の進学率が一番高い高校は、五九％に達しています。草加東高は市教委としても地元の学校なので沢山進学してほしいと考えています。高校が作成する「学校案内」は、生徒会がどの程度関わっているのでしょうか？　その話題が出てこない。「学校案内」に東高はこういう目標でこういう風に生徒を育ててるんだ、ということがないとおかしい。協議会の様子もあると良いですね。

草加市では小中学校の連携や学力について「草加寺子屋」を小学校一～三年生、中学校一～三年生を対象に市内五会場で実施しています。高校生もボランティアで是非きていただきたい。具体化されるようであれば、そういう場で東高をアピールしてほしいです。

第九回（二〇〇六年一一月二八日）
○保護者代表
今日学校に来たら、生徒の皆さんの方からどんどん挨拶してくれました。始めはそうでなかった。皆さんがどんどん変わってきたのが分かります。

○保護者代表
今日は、生徒さんが言いたいことを言えて、それを先生がしっかり受け止めてくれていて、とてもうらやましくなりました。自分の高校時代もそうだったら、私はもっといい高校生活を送れたのに、と思いました。
○地元大学代表
今日の授業公開では、寝ている生徒を生徒同士で「起きろよ」と注意しあっていました。授業改善の成果が表れている証だと思います。今日は、部活動について熱心に協議されました。一つ提案したいと思います。先生がすべて部活動をみるのは大変。私の大学でも、学生ボランティアなどで協力したいので、声をかけてください。

第一〇回（二〇〇七年二月二一日）
○地元大学代表
この四年間で随分変わりました。最初の頃は学校は汚かった。寝ている生徒も多かった。協議会での生徒の発言も少なかった。以前に比べたら生徒が主体的に参加できるようになりましたね。学校は生徒がいないと意味がない。でもいるだけではダメ。生徒が動かないと。意見が言えるようになったのだから、学校を動かしていくことが大切。良くなってきたこともあるし、悪くなってきたこともある。携帯電話はこのままで行くとまた禁止になるのではないでしょうか？　要求が実現したら次にやることは責任ある行動をすること。せっかく良くなってきたので、自分たちで動く。学校に頼りすぎないことです。
○地元中学校校長代表
「学校を開く」ということで、生徒の皆さんや参加した方々の声を聞き、本校ではどうか、開かれているのか、今後職員と考えていきたいと思いました。
○地元市教委代表
この三年間で一番変わったのは、先生方の意識だと思いました。

第一一回（二〇〇七年六月二六日　この回から、保護者以外の評議員（地域代表）は、前年度から全員入れ替わりました。）
○地元中学校校長代表
地元の高校が良くなることが、地元の中学校が良くなること、活性化につながります。生徒のなまの声が参考になりました。生徒と教師の意見のキャッチボールが大切だと感じました。
○保護者代表
生徒がこんなに沢山参加してくれて嬉しいです。学校を良くしたいという気持ちがあるんだなと思いました。
○地元市教委代表
こういう場面があって、生徒の率直な考えが伝わってきました。先生方も正対して応えてくれていた。協議会が一〇〇％完成しているわけではありませんが、一歩も二歩も前進しています。がんばってほしい。

協議会への生徒参加は、最初のうちは生徒会役員が十数名でした。役員以外の生徒が少しずつ参加するようになり、二〇〇六年六月に行われた第八回の協議会には、生徒会役員以外の生徒が十数名参加、同年一一月の第九回からは、役員以外の参加が四〇名を超え、この一一回目の協議会ではついに生徒が六〇名を超えました。協議会が行われる大会議室は、生徒でぎっしり埋め尽くされました。

第一二回（二〇〇七年一一月二八日）

○地元市教委代表

二回目の参加で改めて感じたのは、生徒、先生様々な立場から協議するのはすばらしい。生徒さんの学びたいという願いが大きくなっているのが感じられました。

○地元中学校長代表

生徒の意見、教員の意見、両方受け入れ合っていたと思う。話し合いの中で要望だけ出すのでなく、自分たちもこうしようというのが随所に出ていた。それを持ち帰って協議会に来ればもっと良い学校になると思います。

保護者、地域代表の発言から、生徒や学校に対する暖かいまなざしが感じられます。そのポイントをいくつか整理してみます。

（1）学校、生徒への理解の深まり

草加東高に来る回数を重ねるごとに、保護者や地域代表が学校、生徒に対する理解を深めていったことが感じられます。授業見学のポイントや校内環境整備、協議会の内容についての意見が具体化し、積極的な具体案提言型になっています。生徒に対しても率直な期待や要望となって表れています。ほぼ三年間、足かけ四年間に渡って同じ方が地元大学、企業、市教委の代表として関わり、見つめ続けてくださったことは、保護者、教職員にも励みになりました。

（2）学校づくりの当事者性意識の高まり

携帯電話のマナーや学校案内の作成、部活動指導、市内小中学校との連携などの具体的な提案を通して、保護者、地域代表から積極的なアプローチがされています。四者が直接対話することによって、当事者として草加東高の「学校づくり」を共有してきたという意識が育まれ、自分が発言することによって多少なりともそれが日常の教職員・生徒の意識変化につながり、草加東高を良くするきっかけになったという肯定感が得られているのではないでしょうか。

（3）生徒、保護者、地域、学校四者の信頼関係の構築

四者協議会を通して、生徒、保護者、地域、学校の信頼関係が相互に構築されました。それは「三年間で一番変わったのは先生方の意識である」という言葉に象徴されています。この発言をした地域代表は三年以上に渡って本校に関わり、東高の授業の目的は何か、授業評価の在り方をどう捉えるか等、教職員の意識について厳しい指摘をしつつ、生徒を励ます立場で一貫して発言してくださいまし

た。

協議会では、「授業として成り立っていないクラスがあった」という公開授業の感想が率直に出されたこともあります。それに対して教員が「それは私の授業だと思いますが、今日はとても暑く五時間目は体育だったので、その後の数学の内容からすると生徒はよく頑張ったと思います。」と説明する場面がありました。外部の方がその授業だけを見て判断すれば「授業が成立していない」と思われてしまいますが、教員が生徒の状況を把握しつつ授業を進めていることが理解され、一瞬走った緊張感が和みました。協議会を重ねるにつれて、地域代表から授業について一方的に批判される、ということはなくなりました。

学校評価アンケートや、三年以上にわたる授業見学と授業改善の取り組み、このような直接的な対話を通して、保護者、地域代表が教職員の意識変化を感じ、信頼が高まったといえます。競争と格差によって教育の私事化が進み、公教育とは何かが改めて問われている今、この四者協議会は、教育の公共性を捉え直す、「学校づくり」のオルタナティブになりうるのではないでしょうか。

三、コーディネーターとしての教職員の専門性

①管理職の果たした役割

草加東高の四者協議会では、開会の挨拶と閉会の挨拶は、主に校長や教頭が行っています。その発言の推移をたどると、協議会の到達や目指す方向性が分かります。いくつか抜粋したものを紹介しま

す。

第一回　学校運営協力者会（二〇〇三年一一月五日）

「第一回学校運営協力者会」は、一二三頁で述べたように学校評議員に準じた地域代表と学校の、最初の二者協議会です。

○校長開会挨拶

学校評議員制度に準ずるものとして、より良い草加東高を創るためにこの会を立ち上げました。「学校を開く」ことで、地域・保護者の方のご意見を聞き、反映させていきたいと思いますので、よろしくお願いします。

○校長閉会挨拶

学校は生徒と教員があって成り立つもの。授業の成り立ちをどうしたら良いか、教員と生徒の双方向性で考えることが必要です。私は、文部省（当時）の教育視察で平成四年にヨーロッパに行った時、旧東ドイツで学校評価システムを見てきました。学校をどうするか、親も職員も真剣でした。その時、日本はまだ甘いと感じました。東高は今、市内から三割しか生徒がきていません。中学校とも連携して、そこを何とかしたいと考えています。「草加東高、なかなかやっている」と言われるようにアピールしていきたい。

第四回（二〇〇五年二月一八日）

○校長開会挨拶

今学校にはいろいろな問題がありますが、学校だけでは抱えきれません。保護者、地域の方の力を借りていきたい。学校自己評価システムが導入されて今年で三年目に入ろうとしていますが、こんなに人数が集まるのは初めてです。なぜこういうことを始めたかというと、生徒がいろいろな意見を言う場をつくりたかったからです。この評価システムのために、担当の教員は年間二五回も委員会を開きました。今は種まきの時期です。四者が意見を言うことでギクシャクすることがあっても、それが次回以降の課題になると思っています。

第七回（二〇〇六年二月二二日）

○校長閉会挨拶

今日も新たな発見がありました。保護者から自分のお子さんについて、「自分の夢を叶えようとしたが、今立ち止まっている」という発言があり、生徒からは「自分から何をすればいいか動くことが大事だと思った」という発言、また市教委の代表からは学校が具現化する課題について指摘があり、その行き着くところを、こうして学校でつくっているんだと感じました。また一つ課題ができました。「学校の色、特色を付ける」とはそういうことだと思いました。地域の方と学校をつくっていく、次のステップに進める、と感じました。

第一一回（二〇〇七年六月二七日）

○校長開会挨拶
協議会はこの場で終わりでなく、始まりです。生徒が意見表明する場なので、生徒参加が多くなってきて嬉しい。ますますこの協議会が重要な意味を持ちます。四年目に入り、協議会で話し合われたことが、日常生活により密接に関係したものになることが大切です。生徒と取り組める学校になればいいと考えています。
○校長閉会挨拶
今日、協議会の中で教員から「今日の議論はつまらない。今までの協議会は、生徒たちも、こうしたい、こうやってきたと発言していたのに、今日は学校や授業に対する一方的な要求ばかりだ。」という発言がありました。その先生の真意は、携帯電話のルールが崩れた時に、生徒がアクションを起こしたことを思い浮かべたからだと思います。ここで発言したことを、生徒はどう受け止め行動するのか。学校の中心は授業。この場で終わったら何もならない。私から先生方にも働きかけますが、生徒にも考えてほしいことはたくさんあります。クラス、学年、学校全体で考えていってほしい。

第一二回（二〇〇七年一一月二八日）
○校長閉会挨拶
いろいろな場面で話し合ってきたことを、まとめる時期になりました。HR委員のみなさん、二時間以上頑張ってくれてありがとう。君たちに宿題を出したい。明日の朝、担任の先生に今日の協議会で一番印象に残ったこと、重いと思ったことを伝えてほしいのです。そして深めてください。そうすることで、本校のまとめに生かしていけます。私は明日の朝会で先生方にも宿題を出します。生徒がホームルームでどんな風に言ってきたか、先生方はどんな風に感じたか、聞いてみます。こういう双方向の対話で、課題の改善を日常の中に生かしていきたいと思います。

以上の校長の発言を整理してみます。

〔1〕四者協議会の目的の明確化

何のためにこの四者協議会を行うのか、生徒、保護者、地域代表、教職員の四者が初めて一堂に会した場で、丁寧に説明を行っています。四者のモチベーションが高まり、課題の共有意識が生まれ、四者の対等性も担保されたといえるでしょう。

〔2〕四者の果たす役割の明確化

校長という立場で、四者協議会に期待することを生徒、保護者、地域代表、教職員のそれぞれに伝えています。目的を明らかにした上で、どのような役割を果たしてほしいか、それぞれの立場を尊重しています。

〔3〕校長の適切なリーダーシップ

校長が開会、閉会で挨拶を述べることによって、ファシリテータの役割を果たすように変化してきました。四者協議会が、学校を運営していくに当たってどのような機能を果たしているか、また果たすべきであるかが強調されており、目指す学校運営の方向付けが示されるようになっていきました。協議会は実施したら終わりでなく、始まりであることや、日常生活に生かしていくことで学校が変わることが、その時々の課題に当てはめて繰り返し述べられるようになりました。

〔4〕校長の教育観の提示

単なるあいさつではなく、協議会の内容を受けての校長の教育観が表れるようになりました。目の前の生徒を主体にしているため、保護者、地域も「子どもの権利条約」にある、「子どもの最善の利益」になることを中心に考えるようになりました。校長のあいさつは、当初は協議会の目的や期待が強調されていましたが、生徒の成長や活動を支える発言が増えており、また、保護者を含む評議員の目線に立ち、共感しながら校長が受け止めた課題を明らかにしています。それを生徒や教職員に投げ返すことも行われています。校長の言葉によって、四者の信頼関係も相互に深められているといえるのではないでしょうか。

②校長と教職員の関係性

校長と教職員との関係についても、四者協議会が始まって以降変化が生まれてきています。埼玉県においては二〇〇六年度から教職員評価が本格導入され、校長は一学期に一回教職員との面接を行うことになりましたが、岡野校長は新たに着任した教職員一人ずつに協議会の趣旨を説明し、協議会への参加を呼びかけました。協議会では表れないこうした校長から教職員への働きかけもあり、協議会への教職員の参加も増えていきました。

協議会は、回を重ねるごとに教職員の参加も定着し、約二〇名は参加するようになっていましたが、二〇〇七年の第一二回目の教職員の参加は延べ三〇名で五四・五％の参加率になります。これは校長からの働きかけだけでなく、参加した教職員が生徒や保護者、地域の声を直に聞くことによって協議会の意義を感じ、自分自身の授業改善や教育活動のあり方を考えるヒントを得ているからだと思われます。

従来は担任や分掌担当者が、保護者会や直接生徒指導に関わる以外は、ＰＴＡや地域の声を直接受け止めるのは管理職の仕事であったともいえるでしょう。しかし、協議会の開催をきっかけに、教職員も分掌（例えば学年主任、生徒指導部、進路指導部、渉外部など）を超えて、直接保護者や地域の声を聞く機会が増えました。このような中、その年に着任した教員が積極的に発言することが多く見られます。職員会議では、着任したばかりの方は逆に発言しにくいのですが、四者協議会だとだれでも自由に意見が言える、という雰囲気があり、三月に大学を卒業したばかりの臨任の先生が、六月の協議会で生徒の立場に立って堂々と意見を述べた姿には圧倒されました。

学校評価、教職員評価が導入され数年がたちましたが、現在学校現場においては様々な管理が強化され、多忙化に拍車がかかり、その結果同僚性が希薄になり、生徒と向き合う時間が奪われています。そうであるからこそ、教職員自身が日常の教育活動の中で、集団で論議することによって「評価」活動を「学校づくり」、「職場づくり」に組みかえ、生徒、保護者、地域との信頼関係を深め、「目標管理」から解き放たれていく可能性が見いだせるのではないでしょうか。

③教職員の意識変化

今まで述べてきたように、学校自己評価システムや四者協議会を通して、教職員の校則、授業評価、開かれた学校づくり、生徒・保護者・地域との共同や同僚性への意識にも変化がみられました。

例えば、「目指す学校像」の研修会では、「どういう生徒に育てていく学校なのか」、「生徒自ら考える生徒にしたい」などという意見が出され、それぞれの生徒観や教育観が積極的に語られるようになってきました。

二〇〇六年度末総括研修会では、「誰に対して、どこに対して、学校を開いていくのか」という課題について、「東大四年生の本校の四者協議会傍聴、中学校演劇発表会の本校体育館での開催、本校生徒のそうか光生園訪問などが行われていること自体、学校が開かれている証拠である。このような小さいことを見て、少しずつ開かれていると感じている。」という意見が出されています。また、教員間のコミュニケーションがなかなか図れないという問題については、「本校は若い教員が沢山いる。コミュニケーションをとるためには、もっとそれぞれが意識しないといけない」という意見があり、同僚性の構築が意識されています。

協議会では、生徒会から毎回協議事項が提案されていることに学んで、教職員の側からも協議会に議題を提案していこうと話し合われ、職員会議で各分掌から提案事項を検討することが確認されました。その結果、第一二回（二〇〇七年一一月二七日）の連絡協議会では教務部から「公開授業の実施曜日について」と、保健施設管理部から「校内美化」について提案されました。教職員だけで問題解決をするのでなく、生徒、保護者の声を生かして一緒に取り組んでいこう、という雰囲気が広がりました。

教職員の専門性は、教科指導はもちろんですが、生徒と保護者、地域の声をつなぐコーディネー

学校評価連絡協議会の様子

ターであることも求められます。四者の声を「学校づくり」に生かすために、同僚性を築くことも大切です。「開かれた学校づくり」を進めていくと、同僚間でも関係性が開かれて行くことが感じられます。このことが、結果的に生き生きした学校に変えていく力になります。

第五章　今後の課題

一、開かれた学校づくりで、草加市内出身者増加

今まで述べてきたような取り組みを通して、二〇〇一年までは本校在籍生徒における、草加市内出身者比率は三〇％を切っていましたが、その後表7のグラフが示しているように市内出身者が増加しました。

草加市内出身者比率が増加した背景には、草加市の県立四高校ＰＴＡ連絡協議会、草加市中高ＰＴＡ連絡協議会、草加市内中高教頭会、草加市内中高校長会などで積極的に情報交換が行われていることも、大きく関係しています。市内の県立四高校と市立一一中学校とのこのような連携も、中高の双方向で「開かれた学校づくり」が取り組まれているといえるのではないでしょうか。それまでは、地域や地元中学校の教職員や保護者からは、「高校が何をやっているか分からない。」という声をしばしば聞きました。しかし、市内の高校・中学が連携するようになってからは、中学校訪問をすると、「生徒の進学は地元の高校を勧めよう」という雰囲気を、応対してくださる先生から感じられるようになりました。

表７　草加東高在籍生徒における草加市内出身者比率

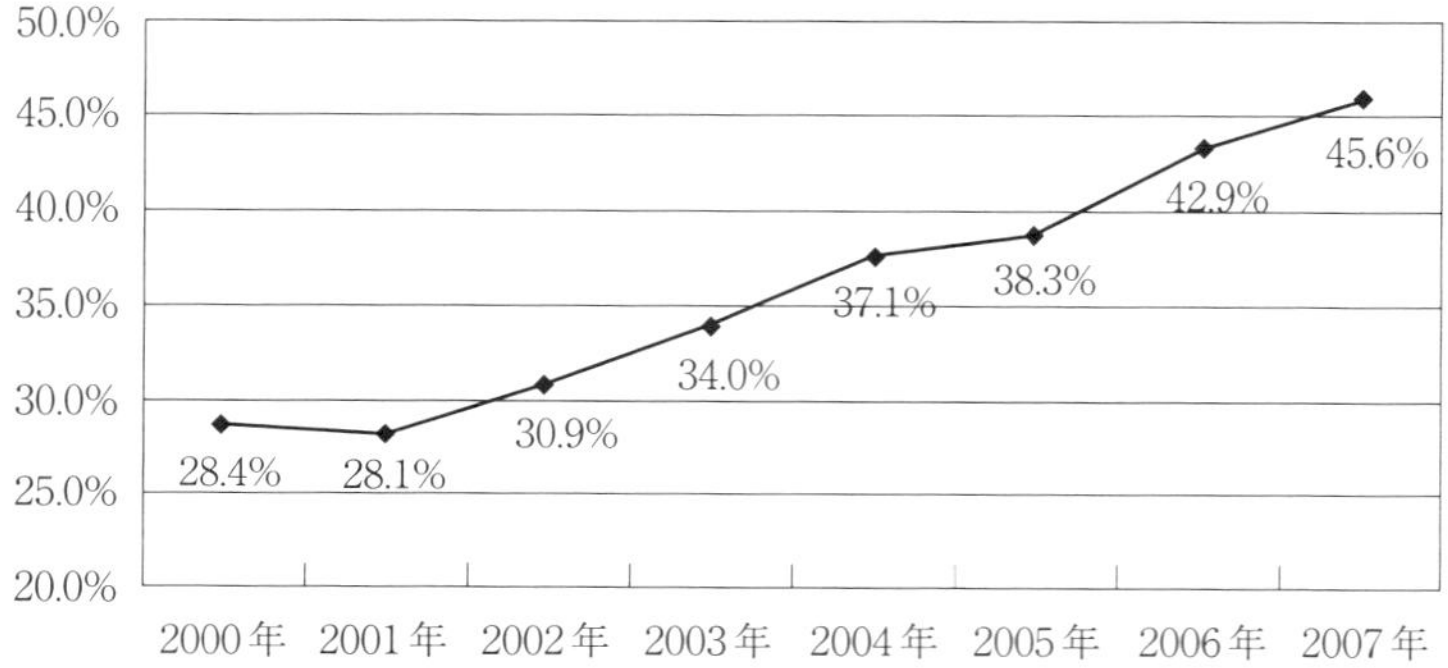

二、地域との日常的な「参加」と「共同」の追求

協議会では、四者の「参加」と「共同」は進んでいるとしても、日常の教育活動について具体的な地域との「参加」と「共同」が進んでいるかについては、なお課題があります。市教育委員会から提案された、小中学生との「草加寺子屋」に本校生徒がどう関われるのか、地元大学関係者からの、「部活動のボランティアとして大学生に声をかけてください」という有難い申し出を学校がどう生かしていくのかなど、手が回っていないのが現状です。教職員と生徒は毎日学校で接しているので、情報の共有やアクションは起こしやすいのですが、地域との日常的な結びつきは教職員の多忙化が大きな壁になっています。四者協議会を運営していくことに加えた、「プラスα」の広がりにまでは及んでいません。

保護者にも、様々な機会に四者協議会への参加が呼びかけられていますが、出席者はＰＴＡ会長、後援会長、副会長など一部に留まっています。四者協議会が始まった頃の保護者は、

「子どもが卒業しても参加したい」という声もありましたが、継承することまではできていません。保護者のＯＢ会などができれば、地域との結びつきがいっそう深まります。また、平日の午後の開催では、保護者が仕事の都合がつかない、子どもの面倒を見なくては行けないなどの困難があることを、学校としてどう柔軟に受け止めて行けるか、改善できる点はあります。

三、開かれた学校づくりのために教職員に求められること

(1) 教職員の研修

教職員は毎年人事異動があり、草加東高で学校評価制度が導入された時にいた教職員の約八〇％は既に他校へ異動しています。毎年新しくなった構成メンバーで、教職員集団は、研修会や分掌、学年会などで、何のための学校評価なのか、その意味を問い直していくことが必要です。そうでないと、学校評価や四者協議会が形骸化し、多忙化に押し流されて「協議会不要論」さえ出かねません。教職員の異動があることを積極的に利用し、新たなメンバーで議論することによって、マンネリズムを変えられます。

(2) クラス活動のサポート

生徒のクラス討議を活性化するためにも、担任一人ひとりがクラス活動のサポートの仕方を学びあ

うことが大切です。小中学校でも授業確保のため、学校行事が削減される傾向があります。そのため、高校に入ってくる生徒の自治的な力も年々弱くなってきています。生徒の自治的な力を伸ばす基礎はクラス活動です。教員自身も、かつてに比べて高校などで十分な自治的活動を体験してきていない状況もあります。生徒にとって学校生活の基礎単位であるクラス活動を、教員がサポートしようという意識をもつだけでも、生徒は生き生きと活動できるようになるでしょう。

（3）子どもの権利条約の具現化、主権者教育としての位置づけ

自治的な活動は、子どもの権利条約（「意見表明権」や「自己決定権」）の具現化の第一歩であり、主権者教育の一環であることを教職員自身が自覚し、生徒をサポートしていく必要があるでしょう。協議会という公の場で、保護者、地域代表、教職員と対等に意見を言えるという体験は、まさに主権者教育そのものです。「学校をよくしたい」、そのために自分たちで何ができるか考え行動すること、課題の改善を保護者、地域、教職員と共に考えることは、生徒の自己変革を促し一人ひとりが社会を形成する主権者になることにつながります。

学校現場では、子どもの権利条約がなかなか浸透していませんが、学校教育のあり方と結びつけて、生徒と一緒に考えていくことが求められます。

（4）教職員はコーディネーター

「参加」と「共同」の学校づくりにおける教職員の専門性は、コーディネーターとしての役割も求め

られています。協議会の場ではコーディネーターとして、生徒の発言からその意図を引き出す（educate）ことも重要な役目でしょう。

例えば、第一二回の協議会では、生徒会から「生徒の態度が、先生によって違う」という議題が出されましたが、教員から「それは君たちの問題でしょ」と言われ、議論がかみ合いませんでした。生徒の真意としては、「先生によって生徒が態度を変えるのはおかしい、と自分たちは思っているが、先生はどう考えていますか」と言いたかったわけです。あるいは、そういう生徒を注意して欲しい、という意図があったのでしょうが、言葉で充分うまく表現できなかったのです。この協議題からは、生徒が授業をつくる主体としてきちんとした態度で授業に臨むことを、他の生徒にも考えてほしいという気持ちが表れています。従って、表現がまだ未熟である生徒に、司会をしている教員だけでなく、参加している教員がその発言の真意を引き出して投げ返すという、コーディネーターとしての役割が必要です。そうすれば、生徒の成長を促し、それを支えようとする保護者・地域代表も、より協議に参加しやすくなるでしょう。また、協議会の時だけでなく、日常的に生徒、保護者、地域をつなぐコーディネートも求められていきます。それが学校の活性化につながります。

四、教育行政に求められる教育条件の整備

教職員の努力だけでなく、それを支えるための教育行政の努力も求められます。

「学校自己評価システム」のみならず、様々な課題が学校に押し寄せ、教職員の多忙化は切実な問題

になっています。教育行政には、次の政策を具体化することが求められます。

（一）憲法・子どもの権利条約に立脚した教育を

文部科学省二〇〇九年度の調査では、教職員の精神疾患による休職者は、過去一七年間連続増加し、過去最多を更新して五四五八人になっています（二〇一〇年一二月二五日新聞報道より）。久冨善之氏は、二〇一〇年一二月二五日の朝日新聞に、「精神疾患による休職者の出現率が高い沖縄県、大阪府は全国学力調査の結果が下位で、行政や市民による圧迫感が強い可能性がある。また、東京都と大阪府は知事部局が教育行政に強力に介入している。東京、大阪に広島県を含めた三都府県教委は、教育現場への管理が厳しい点が共通している。」などというコメントを寄せています。競争と管理の上からの押しつけが、いかに教員を追い詰め、そのしわ寄せが子どもたちに押し寄せているか、事態は深刻です。政権が交代し、民主党の教育政策では、学習指導要領や教育委員会制度、学校理事会などのあり方、教員養成・免許制度なども検討されていますが、国家・教育行政は、教育への支配や介入でなく、憲法二六条に保障された教育を受ける権利と、子どもの権利条約に立脚した教育を行い、教職員に教育の自由を保障することが求められます。

（二）ＩＬＯ・ユネスコ共同の「教員の地位に関する勧告」を生かすこと

一九六六年のＩＬＯ・ユネスコ共同の「教員の地位に関する勧告」に基づいて、教育政策の決定には、学校現場で直接子どもの成長・発達に向き合っている教職員の声が反映される必要があります。

特に教職員評価や教員免許更新制度については重大な課題です。「教員の地位に関する勧告」では、教員団体にも「教育の進歩に大いに寄与することができ、したがって、教育政策の決定に関与させられるべき勢力として認めるものとする」（同勧告九項、詳しくは『日本の教員評価に対するＩＬＯ・ユネスコ勧告』堀尾輝久・浦野東洋一編著　二〇〇五つなん出版参照）と明記されています。同勧告の「八　教員の権利と責任」から、教員の教育の自由に関連するところをいくつか抜粋します。

職業上の自由

六一　教育職は専門職としての職の遂行にあたって学問上の自由を享受すべきである。教員は生徒に最も適した教材および方法を判断するための格別の資格を認められたものであるから、承認された計画の枠内で、教育当局の援助を受けて教材に選択と採用、教科書の選択、教育方法の適用などについて不可欠な役割を与えられるべきである。

六二　教員と教職員団体は、新しい課程、新しい教科書、新しい教具の開発に参加しなければならない。

六三　一切の視学、あるいは監督制度は、教員がその専門職としての任務を果たすのを励まし、援助するように計画されるものでなければならず、教員の自由、創造性、責任感をそこなうものであってはならない。

六四（一）教員の仕事を直接評価することが必要な場合には、その評価は客観的でなければならず、また、その評価は当該教員に知らされなければならない。

(二) 教員は、不当と思われる評価がなされた場合に、それに対して不服を申し立てる権利をもたなければならない。

(三) 教育予算の増額と教職員定数の改善を

多忙化と、学校に求められる多様な教育的ニーズに対して、教職員数が絶対的に不足していることも大きな問題です。二〇一〇年、中教審は三〇年ぶりに学級定数の見直しを答申し、二〇一一年度政府予算案では、小学一年生のみ三五人学級実施の予算が盛り込まれました。これは、長年の父母・国民の要求が実ったものですが、政府は財政難を理由に小学校一年生のみにとどめたことは、今後の大きな課題です。しかも、その実施に必要な教員増は四〇〇〇人ですが、実質では全国でわずか三〇〇人増にとどまっています。それは、少人数指導などのために加配されている教員のうち、一七〇〇人を充てることや、二〇〇人の定数の自然減も含まれているからで、今後地域格差が懸念されます。

父母・国民の願いに応え、どの子にもゆきとどいた教育をするために、教育予算を増額し小学一年生のみならず、学級定数を見直し、子どもと向き合う教職員定数の改善を、小中学校・高校で行うことが早急に求められます。

終章　開かれた学校づくりの展望

一、埼玉県における「学校自己評価制度」と四者協議会

埼玉県では、二〇〇五年度に「学校自己評価システム」が全ての県立校で導入され、各学校で様々な取り組みが行われています。県仮称の「学校評価懇話会」では、前述したように、生徒・保護者・地域代表と学校の四者の参加が、各学校の実情に合わせて行われるように実施要領で定められています。この懇話会に生徒参加が位置づくことが鍵です。生徒参加の四者協議会は表8のように増えています。

導入されて三年の間に、急速に四者協議会形式が増えていることが分かります。全県立学校に学校自己評価システムが導入された時には、草加東高校の四者協議会にも、色々な学校から、校長や教員、生徒が傍聴に訪れました。この数字の変化には、各学校が自分の学校の実情に合わせて、生徒参加のための研究や準備を進めていったことが伺えます。四者協議会が、生徒、保護者、地域の声を積極的に聞く場として機能していることが理解され、広がっていきました（『高校のひろば』六三号参照）。四者協議会形式で実施している学校からは、「管理職がおもしろがっている。」、「学校が明るくなっ

表８　学校評価懇話会への生徒参加率の変化

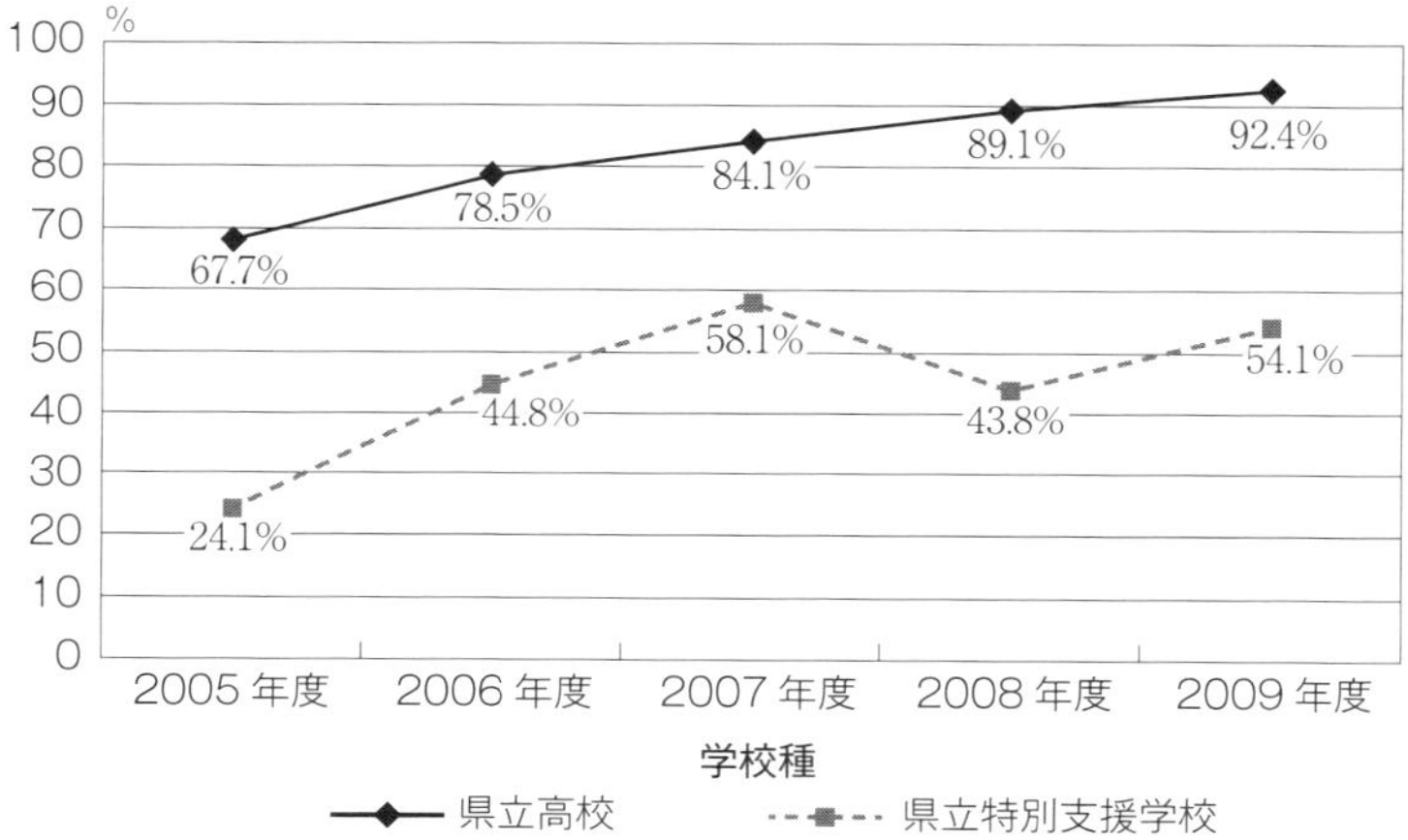

（埼玉県高等学校教職員組合調査より）

＊１　二〇〇七年度から特別支援学校に、さいたま桜高等学園、羽生ふじ学園開校
＊２　二〇〇八年度からは、県立特別支援学校の枠の中に県立中学校を含む

た。」という声が聞かれます。それは、管理職が四者の本音を率直に聞くことができ、みんなで協力し合って学校をよくしていこうという雰囲気が醸し出され、学校を開くと楽になったと感じたからではないでしょうか。

定時制高校では、併設されている全日制高校の生徒会と合同で協議会を開き、分散会に別れて、全日制、定時制の個別の課題を話し合う、という工夫もされています。

知的障がいの特別支援学校においても、高等部の生徒会役員が参加して、四者協議会を実施しているところがあります。高等部の生徒会役員は、はじめは「私の願い」から出発し、「こんな学校だったらいいな」という思いを出し合いましたが、小学部や中学部の子どもたちはどんな願いを持っているのだろうか、と考えるようになりました。そこで、「私の願い」から「私たちの願いにしよう」と、自分たちの力で話し合いました。「高等部の生徒だったら、『プールが大好きだから、もっとプールを大きくして欲しいね』という願いがあるけど、小学部の子たちだったらプールが深いと危ないよね。」と考えるようになりました。それらを四者協議会の場で出し合っています。協議会を通して、子どもたちは着実に成長しています。ろう学校では、地域代表に生徒とつながりのある手話サークルの方が参加しています（日高教・高校教育研究委員会編集『高校のひろば』六一号参照）。

また、四者協議会の名称も工夫され、「○○学校の未来を考える会」とつけられている学校があり、名称からも生徒・保護者・地域参加を進めようという意識が伺えます。県立盲学校では「学校づくり協議会」という名称がつけられ、盲学校の生徒たちにどのような学力や自立していく力をつけさせていくのか、真剣に議論されています（日高教・高校教育研究委員会編集『高校のひろば』五七号）。

埼玉県の「学校自己評価システム」は、このように四者の「参加」と「共同」の学校づくりが進みつつあります。その発展の可能性は、浦野東洋一氏が述べているように、生徒が参加していることによって大人の発想の回路が変化し、学校の課題の改善のために、四者がそれぞれ四分の一の責任を果たしながら臨もうとしていることにあるといえます。他県でも中教審の答申による「開かれた学校づくり」の必要性や、学校評価制度の導入をきっかけに、四者協議会に取り組む学校も広がってきています。教育を受けている生徒自身が学校生活をどのように感じているか、一番の当事者ですからその声を聞こう、というのはむしろ自然な発想でしょう。横浜市立総合高校や、岡山県立落合高校でも熱い協議会になっています（日高教・高校教育研究委員会編集『高校のひろば』七三号、七五号参照）。

二、今後の「学校評価」のあり方

「学校自己評価システム」の導入によって、学校評価アンケートがほとんどの学校で取り組まれていますが、第二章で述べたようにアンケート結果はツール（道具）として捉えないと、それに縛られてしまうことがあります。また、アンケートを実施し、結果をまとめて公表するだけでは、すぐに形骸化してしまうでしょう。

アンケート結果では、数値は客観性を持つように感じられがちです。傾向を捉え、改善に生かすことは大切ですが、数値だけで目標の達成度を測ろうとすると、逆に生徒の実像が捉えにくくなります。その数値が表れた背景を、四者で考えることによってアンケートが「ツール」として機能することになります。例えば生徒の進学希望をかなえるために、「進学率を〇％挙げる」などという目標を立てた場合、生徒が大学で何を学びたいのか、そのためにどのような大学を受けることが適切なのか、という進路指導より、いわゆる「受かる大学に押し込む」という状況が生まれてしまうことも否定できません。

また、学校全体で遅刻をゼロにしようという目標は大切かもしれませんが、ゼロにすることを自己目的化すると、なぜその生徒は遅刻をするのかという生活環境や、心理的要因を解明して指導するより、「遅刻させない」指導になってしまう面もあります。遅刻の原因は、生徒の生活上の問題なのか健康上の問題なのか、学校の人間関係によるものなのか、生徒一人ひとりの事情は異なります。場合によってはカウンセリングが必要かもしれません。しかし「遅刻を〇％減らす」とか「遅刻ゼロの日を〇日以上つくる」などの目標を掲げ、それを達成しようとすると、ゼロトレランスや「遅刻指導」と称する懲罰的な生活指導になってしまうこともあるかもしれません。

「いけないことはいけない」とはっきり教えることも、もちろん学校現場では大切ですし、各学校の状況もそれこそ異なります。数値目標を設定する場合は、それが生徒の発達に好ましい影響を与え、保護者や地域の願いに叶うことなのかを問うことが必要でしょう。数値そのものより、教育の中身を四者で考えて行くことが求められます。教職員評価が導入され、数値目標の達成と教職員一人ひとりの目標、評価が結びつけられる時、教職員全体が数値に向かって走らされてしまう危険性がさらに増していくことが懸念されます。達成目標を数値化して、それが自己目的となってしまう「学校評価」でなく、課題を明らかにし生徒、保護者、地域の「参加」と「共同」で学校づくりをしていく本来の「学校評価」が、学校への信頼につながっていくのではないでしょうか。四者協議会が参加と共同の開かれた学校づくりとして、草の根で広がって行くことが、競争と管理のための「学校評価」のオルタナティブとして今こそ求められています。

埼玉県の「学校評価懇話会」については、「県が導入したシステムではないか」、という批判を耳にすることがあります。しかし、国が学校評価を法制化すれば、それは必ず都道府県に降ろされ、各教育委員会が制度設計をします。学校現場で「絶対反対！」と拒絶していると、上から数値目標が降ろされ、管理強化に利用されるだけではないでしょうか。また、昨今の「教育改革」の流れからすると、そういう対応は「だから学校、教職員は閉鎖的だ。説明責任を果たしていない。」などという批判にさらされ、国民との分断にも利用されかねません。繰り返しになりますが、「学校評価」が問題なのではなく、生徒、保護者、地域と共に信頼関係を結び、開かれた学校づくりを行うための「学校評価のあり方」が課題なのです。埼玉では、「学校評価懇話会」を開かれた学校づくりのコミュニケーションツールとして捉え、生徒参加を追求したのです。

文部科学省は、「学校評価の在り方と今後の推進方策について（第一次報告）」の「外部アンケート等の定義について」の中で、次のように述べています。

児童生徒、保護者、地域住民を対象とするアンケートの実施や、その意見要望等を把握するための懇談会の開催については、学校関係者評価（外部評価）そのものとしてではなく、「外部アンケート等」と定義し、「自己評価を行う上で、目標の設定・達成状況の把握や取組の適切さ等について評価する資料とするため、児童生徒、保護者、地域住民を対象に、アンケートの実施や懇談会の開催により、授業の理解度や学校に関する意見・要望等を把握するために行う。」ものと位置づけることが適当である。

児童生徒を対象に含んだ懇談会の開催が明記されているのですから、管理職の理解は得やすいです。教職員集団の合意を形成しながら、学校評価を生徒参加の学校づくりに組み換える取り組みを進めましょう。行政主導で、コミュニティスクール（地域運営学校）、学校支援地域本部、地域コミュニティ学校などが各地で広がる中で、教職員の専門性を民主的な学校づくりに生かすことが求められます。

三、学校評価と教職員評価

学校評価を、開かれた参加と共同の学校づくりに組み換えることができれば、教職員評価（人事評価）も、トップダウンの競争と管理に縛りつけられたものでなく、子どもたちの成長・発達を保障するための、教職員の集団的な教育力を高める開かれた自己評価へと転換する可能性が生まれます。賃金・処遇にリンクさせるために、教職員を成果主義的な競争に駆り立てランク付けすることは、教育にはなじまず、あってはならないことです。この点については、二〇〇八年四月にＩＬＯ・ユネスコ共同専門家委員会（ＣＥＡＲＴ）調査団が来日し、その結果が二〇〇八年秋の中間報告と勧告にまとめられ、公表されました（詳細は日高教・高校教育研究委員会編集『高校のひろば』七一号「『ＣＥＡＲＴ調査団』と教師の専門性」八木英次、七二号「ＣＥＡＲＴダイアローグ勝野正章・藤原誠司参照）。このＣＥＡＲＴの中間報告では、例えば、概略をまとめると次のように述べられています。

当局は教員評価制度などを導入するにあたっては、「誠実な協議」を教員団体と行い、話し合いをしなければならないが、お互いに意見が変わるということでなければ「協議」とか「話し合い」には値しない。ただ聞き置くだけでは誠実な協議とは言わない。

一九六六年の「教員の地位に関する勧告」の理念は、教育の目的を「子どもができるだけもっとも完全な教育の機会を与えられることは、すべての子どもの基本的権利である」と捉え、そのために「教員がこの役割にふさわしい地位を享受することを保障する」ことにあります。また、「三　指導的諸原則」の中で、「教育はその最初の学年から、人権および基本的自由に対する深い尊敬をうえつけることを目的にすると同時に、人間個性の全面的発達および共同社会の精神的、道徳的、社会的、文化的ならびに経済的な発展を目的とするものでなければならない。」としています。したがって、この理念からも、学校の教育力や教職員の専門性を高めることは、私たち教職員に要請されていることなのです。そのためには、自らの教育活動を振り返り、その到達と課題を明らかにする自己評価が最大限尊重されなければなりません。自己評価をすることによって、教職員の力量を高めるためには、それを自分ひとりの中だけで行うのでなく、教職員集団の論議と、子ども、保護者との双方向的な意見交換をふまえ、「開かれた自己評価」となることが客観性を担保します（詳しくは日高教・高校教育研究委員会編集『高校のひろば』六三号「学校評価と教職員評価〜埼玉のとりくみから〜」竹下里志参照）。

上から押しつけられた学校評価に基づく教職員評価では、自分の目標が上から決められ、管理強化や同僚性の分断につながります。しかし、生徒、保護者、地域が参加し、学校の四者共同で学校評価のシステムが作られていくのなら、学校の教育目標も四者で協議することができます。その教育目標に基づいて、各学年、分掌、教科で目標を協議すれば、目標は自分ひとりのものではなく、学校全体の教育力を高めるための開かれたものになります。教育の条理を尽くせば、教職員の同僚性を再構築し、人事評価による教職員の分断をはね返すことができます。そのことは、子どもたちにより良い教育をする保障となるのです。これが、CEART勧告を学校現場で生かす、ということなのです。

四、それぞれの学校での開かれた学校づくり

私は、一六年間在籍した埼玉県立草加東高校から、二〇一〇年四月に県立川口北高校に転勤しました。

川口北高は文武両道を目指し、学校行事も大変盛んな学校です。いわゆる「進学」に力を入れている学校は、授業確保のため学校行事を精選する傾向にありますが、本校では生徒の自主性を育成するため、文化祭、体育祭などの学校行事にも生徒、保護者が熱心に取り組んでいます。昨年からは、PTAと生徒会との意見交換会が始まりました。そのきっかけはPTAの役員さんが、高等学校PTA関東大会に参加し、同じ部屋に宿泊した他校の役員さんから、「うちの学校では、PTAと生徒が意見交換会を行っている。」という話しを聞いたことにあります。「それなら川北でもぜひやってみよう」とPTAの役員さんから学校に働きかけがあり、年二回実施されるようになりました。役員さんは、生徒の要望を熱心に聞き、生徒のために施設設備で改善できることに尽力してくださいました。「教室に網戸がなくて虫が入ってきて困る」、「食堂のメニューをもっと良くしてほしい」、「体操服の短パンにポケットがあると便利」、「トイレのドアを直してほしい」などの声を丁寧に聞き取り、学校と協力して次々と改善されています。PTAの会長さんは、入学式の祝辞で「生徒会とのみなさんとの意見交換会は大変有意義です。」と述べ、夏休みに行われた受験生への学校説明会でも、中学生に

「ＰＴＡと生徒会との意見交換会があります。」と紹介していました。保護者として、生徒の声を聞くことをとても大事にし、少しでも良い学校生活が送れるようにサポートしたい、という思いがあふれていることを感じました。

それぞれの学校での、開かれた学校づくりの取り組み方があるのだと改めて実感しています。

おわりに

二〇一〇年一一月二七日に、第一一回開かれた学校づくり全国交流集会が東京で開催されました。一〇年の歩みを振り返った『開かれた学校づくりの実践と理論』（同時代社）が刊行され、草加東高での取り組みは、如何に全国の実践から多くのことを学んだかに改めて気づかされました。土佐の教育改革の開かれた学校づくりを始め、傍聴させていただいた群馬県伊勢崎市立伊勢崎高校と長野県辰野高校、北海道立白老東高校、富良野高校、滋賀県立瀬田工業高校などから、沢山のヒントをいただきました。この場をお借りして御礼申し上げます。そういう点では、草加東高校の開かれた学校づくりは、全国の実践の一つひとつの積み重ねだといえます。

草加東高校の学校評価連絡協議会に傍聴に来てくださった方々にも御礼申し上げます。生徒の励みになり、勇気づけられました。

草加東高校が、学校自己評価システムの研究推進校になったとき、「学校評価って一体何？」、「開かれた学校づくりってどうやるの？」と分からないことだらけで出発し、試行錯誤の連続でした。分からないことを「分かったふり」をしてトップダウンでシステムを構築するのではなく、管理職も含めた教職員集団で、カンカンガクガク、会議は長時間に及ぶこともありました。大変でなかったといえば嘘になりますが、目の前で生徒が成長する感動と喜びが何倍にもなって返って来ました。学校づくりはまさに夢とロマンに満ちあふれています。

年間二五回にも及ぶ学校評価システム運営委員会を開き、校長は「委員のみなさんにはご苦労なことです。今は種まきの時期です。」と述べました。その時の澤田校長の適切なリーダーシップなしには、草加東高校の学校評価連絡協議会を語ることはできません。道半ばにして急逝された澤田校長にこの本を捧げ、補論を付記します。

最後に、草加東高校が学校自己評価システムの研究推進校に指定された当初から、浦野東洋一先生、勝野正章先生には、何度もご来校くださり、アドバイスしてくださったことに心から御礼申し上げます。また、拙著の上梓に際してはご多忙な中、勝野先生には巻頭の辞を、浦野先生には解説をお寄せくださり、心から感謝申し上げます。

佐々木新一弁護士には、限られた時間で監修をお引き受けくださり誠に深謝申し上げます。

出版にあたり、同時代社の川上徹さん、高井隆さんには、大変暖かく見守り励ましていただきました。本当にありがとうございました。

補論Ⅰ 「フランス・ドイツの生徒・保護者・地域参加の学校運営」

フランスやドイツは、日本より二〇から三〇年早くから生徒・保護者・地域住民の参加が法的に整備され、学校運営が実施されていました。

(1) フランスの管理評議会

北川邦一氏によると(『子どもの権利と学校教育の改革』北川邦一著かもがわ出版、一九九五年参照)、フランスの中等学校生徒の権利は、一九八〇年代の全般的な地方分権化の動向の中で、公立中等学校の管理規則と財政組織について定められ、その後この政令に対して、学校生活に関する組織と運営等についての改正が行われ、また生徒の権利と義務に係わる部分について改正がされたと述べられています。北川氏は当初政令の公布とその改正二政令の間には、一九八九年七月の教育基本法制定による全般的な教育改革の開始及び一九九〇年秋の高校生運動があったことを指摘しています。

北川氏は、フランスの公立中等学校の管理組織に関する政令は、学校の自治、学校の管理運営への教職員の民主的参加とともに学校における生徒の市民的自由と学校の管理運営への生徒参加・親参加を制度的に保障しているものである、と述べています。北川氏はフランスの教育が理想的であるとか同国の制度を機械的に模倣すれば良いと言う積もりではなく、本当の教育改革を進めるためには、その一環として学校における子ども、親、教職員の権利・権限の保障と学校の自治とを形成することが必要であり、そのことを広く世界諸国の制度や経験にも学ぶ必要がある、としています。さらに北川氏はそれを一部の研究者の知識としてだけでなく日本の教育改革を進めるという実践的立場からひとりでも多くの教職員、父母、子どもと共に行ってゆく必要があると述べています。

フランス革命を経、第一次世界大戦のフランス人民統一戦線の歴史などから深く学び、一九八〇年代以降の中等教育に、生徒の権利として市民的自由と学校管理運営への生徒参加・親参加が保障されているフランスは先駆的であり、長野県の辰野高校や群馬県の市立伊勢崎高校でも理論を学び実践が試みられています。

(2)ドイツの学校会議

一九七三年、当時の西ドイツでの教育改革の一端を担い、ドイツ教育審議会の教育委員会が「勧告」を出しました。柳澤良明氏によると(『ドイツ学校経営の研究』柳澤良明著亜紀書房一九九六年)、この勧告の特徴の一つに、代表民主主義における参加への要求と強く結びついていることがあげられています。柳澤氏は、教員、生徒、父母が複雑な教育課程や学習過程において協力しなければならない学校という場においては、参加が強調されるべきであると指摘しています。ドイツは州によって学校法が異なりますが、一九七三年の勧告を受けて一九七七年に、ノルトライン・ヴェストファーレン州の学校法が協働委員会・学校会議に関して定められました。

その特徴は、柳澤氏によると「学校参加法」にもとづいて教員、生徒、父母という三つの参加集団ごとに、意志形成の場である会議が設けられ、各参加集団は各集団内において学級、学年、学校ごとに意思形成を行うと同時に、学年レベル、学校レベルでの代表を選出し、その代表が「学校会議」を構成しています。学校会議では授業内容の形成及び教授方法の適用に関する原則、授業配分及び教育課程の設置に関する原則、成績評価、成績判定、試験及び進級に関する規程の統一的な適用に関する原則が審議され、教育活動の方針として遵守されることが求められています。

柳澤氏は合議制学校の特質として、第一に葛藤の調整をしながら意思形成をすすめていくという課題のもとに、多元的価値にもとづく意思形成が行われるという点、第二に、情報の共有化を進めながら意思形成を進めていくという課題のもとに、評価機能の活性化にもとづく意思形成が行われるという点を挙げています。

(3) フランス、ドイツと日本の学校参加制度の議決権の比較

フランスの学校評議会、ドイツの学校会議に共通しているのは、議決権が認められ、法律で構成員の資格要件や協議事項が具体的に細かく決められていることです。その要件がかなり細かく定められているのは、参加する保護者や地域住民の立場を保護するためだと考えられますが、そのため柔軟性を欠くようにも思われます。このように法的に定められていることは、ヨーロッパの近代民主主義国家の形成過程と法治主義とも大きく関係していると思われます。

日本においては、生徒が参加する学校経営の組織の議決権が保障されるところまでには、まだ至っていません。その要因として、近代国家の歴史的、社会的成り立ちの違いや、戦前の国家による教育

支配の名残りのため、学校を開くことが十分でなかったことなどがあげられるでしょう。

アメリカの戦後対日政策の転換の影響もあります。社会背景も考慮する必要があります。一九六〇年代から一九七〇年代にかけて高校進学率が高まり、一九七四年には九〇％を越え、その後二〇〇〇年には九七％に達するまでになりました。高度経済成長期に保護者の所得が上がるにつれ、高校、大学への進学率は高まり、親の学歴を上回り、生涯年収も親を上回ることが保障された時代には、保護者からの学校への信頼性は高く、「意見を言う」必要性があまり感じられなかったのではないでしょうか。ほぼ高校への進学が「全入」といえる状況になり、大学への進学率が五〇％を超える中、市場原理が教育に入り込み教育の私事化がすすみ、学校に対する信頼が揺らぎ始めました。

フランスの管理評議会やドイツの学校会議のように、学校評価の一つの装置として生徒、保護者、地域代表が参加する会議を設定することは、信頼を取り戻す直接対話の機会として有意義です。従って、フランスやドイツのように議決権がないことで、日本の三者、あるいは四者協議会が無意味であると否定する必要はありません。協議会に議決権がなくても、三者、四者の意見は学校の教育活動に取り入れられており、その役目は機能しているといえます。課題は、三者協議会、四者協議会を広げていくことなのです。

補論2　「校長のリーダーシップ私論」

浦野氏は校長の資質として、子どもの現状から世界の将来までを深く研究、洞察し、あるべき学校と教育のビジョンを自分の言葉で語ることを求めています（『学校改革と教師』浦野東洋一著一九九九年同時代社）。

本校における澤田元校長の学校経営方針は、「地域に開かれた学校づくり」を目的とし、その手法は「ボトムアップで行うこと」と整理できます。また、教職員には自分のビジョンを明確に伝えつつ、ボトムアップの手法として校務委員会に諮問し、職員会議に諮り教職員の論議を十分踏まえて合意形成を図り、制度設計に望んでいます。これは、時間はかかりますが天笠茂氏（『学校経営の戦略と手法』二〇〇六）が指摘する「それぞれの方策を相互に関連づけ、束ねたり、重点化したり、集中化する発想や営み」の実践例の一つといえます。

澤田元校長は文部省のヨーロッパ「教員海外派遣事業」（一九九三年）に参加し、ドイツの学校会議、フランスの学校評議会などを見学し、「ドイツやフランスでは、生徒が積極的に学校運営に参加し、意見を言っていた。意見発表の機会を通じて自分の考えを表明できる生徒を育てたい。学校評価懇話会は生徒参加の形態を取り、学校改善に生かしたい」と、学校評価システム運営委員会にビジョンを示しました。そこには、生徒の意見表明権を育成したいという権利の面からの参加と、生徒の意見を汲み上げることによって学校の課題の明確化と改善をしたいという、学校評価制度の「装置」の面からの経営方針があったといえます。

また、中田康彦氏は今日における学校管理職政策の問題点を次のように述べています（「学校管理職の来し方とゆくえ」中田康彦著『人間と教育』五三号二〇〇七年、旬報社）。

「すなわち、現在の学校改革の嵐の中で、学校管理職はダブル・バインドの状態におかれ、それは現場責任者として教育委員会と一般教員の板挟みになるというだけではなく、政策的に要求されている変化の方向性と、実現不能性とのジレンマに立たされているという性格をもつ。」

「現在政策レベルで学校管理職に求められているのは、アメリカやイギリスにみられるようなマネジメント職としての役割であり、行政改革で地方分権が推進される中で並行してうちだされたのは、学校裁量の拡大であった。――中略――しかしそれは、一九八〇年代末にアメリカで改革機軸としてうちだされたSchool-basede Management（ＳＢＭ）や、コミュニティ・スクール推進派が範として語るイギリス流のLoacal Manegement of School（ＬＭＳ）といった、〝学校現場を機軸とした学校運営〟地域ごとの学校運営〟とはほど遠いものとなっている。」

日本にはイギリスの学校理事会のように、保護者・地域・教職員・教育行政当局の各代表と校長から構成される集団的意志決定機関が存在しないからであり、逆にこれまで集団意志決定をになってきた職員会議を補助機関化して、意志決定の権限と責任を校長に一極集中させている問題を明らかにしています。

政策レベルでは「校長の権限拡大」がとられていますが、中田氏が指摘するとおり校長の実感としては裁量権が拡大されているというより、むしろ教育委員会からの指示が強まり、裁量権が行使できる機会は狭められているという実態があるでしょう。

中田氏が問題としていることは、アメリカやイギリスのようになっていないことではなく、「学校裁量の拡大」という改革スローガンが言葉通りになっていないことでもなく、正当性を調達する基礎を欠いたまま、裁量の権限と責任を校長に一極集中させようとしていること、合意形成の過程を学校運営からまるまる剥奪していることにあります。

中田氏は、学校管理者の判断・決定の正当性を担保するものとして、イギリスの学校理事会のように、保護者・地域・教職員等を含めた集団的な議論による合意形成の重要性を問題提起しています。埼玉県の「学校自己評価研究推進実施要項」に、「校長は、生徒、保護者、地域代表者等からなる学校評価懇話会（仮）を設置するものとする」と定めたことは、集団的な論議と合意形成を保障し、管理職を「政策的に要求されている変化の方向性と実現不能性とのジレンマ」から開放するするシステム設計である、といえるのではないでしょうか。

天笠氏は、経営戦略を構築して実践に移すことができる経営戦術をもった校長が、いま求められている校長像ということになる、自ら考え判断し語ることのできる校長が求められている（先引用文献参考）と述べていますが、父母・国民が期待する校長に求められる資質は、「学校経営の責任者」と「教育者としての責任者」の両面が必要でしょう。子ども一人ひとりの成長・発達を保障する教育活動がどのように行われるべきか、ＰＤＣＡサイクルを確立することはもちろん大切ですが、教育は単年度では結果として表れないことが多いものです。目標達成で成果を図ることが学校改善につながっているのかどうか、校長は自分のみの判断でなく、当事者である生徒、保護者、地域住民、教職員の声を聞くことが求められます。

【参考文献】

『学校経営の戦略と手法』　天笠茂著　ぎょうせい　二〇〇六
『教育の私事化と公教育の解体』　市川昭午著　教育開発研究所　二〇〇六
『開かれた学校づくりの実践と理論』　浦野東洋一・神山正弘・三上昭彦編　同時代社　二〇一〇
『開かれた学校づくり』　浦野東洋一著　同時代社　二〇〇三
『学校改革と教師』　浦野東洋一著　同時代社　一九九九
『学校評議員制度の新たな展開』　浦野東洋一著　学事出版　二〇〇一
『土佐の教育改革』　浦野東洋一著　学陽書房　二〇〇三
『学校改革に挑む』　浦野東洋一著　つなん出版　二〇〇六
『開かれた学校づくりと学校評価』　浦野東洋一・勝野正章・中田康彦編　学事出版　二〇〇七
『高校教育改革に挑む』　浦野東洋一・太田政男編　ふきのとう書房　二〇〇四
『教育』No.六六四「教員評価・学校評価の批判と取り組み」　勝野正章著　国土社　二〇〇一
『教員評価の理念と政策　日本とイギリス』　勝野正章著　エイデル研究所　二〇〇三
『人間と教育』vol.41「教員評価・学校評価を問う」　勝野正章著　旬報社　二〇〇四
『「いい先生」は誰が決めるの？』　勝野正章・小島優生・新堰義昭・山田功著　つなん出版　二〇〇四
『新しい学校評価と組織マネジメント』木岡一明著　第一法規　二〇〇三
『学校評価の『問題』を読み解く』　木岡一明著　教育出版　二〇〇四
『学校評価のしくみをどう創るか』　木岡一明編著　学陽書房　二〇〇四
『子どもの参加の権利』　喜多明人・坪井由実・林量俶・増山均編　三省堂　一九九六
『現代学校改革と子どもの参加の権利』喜多明人著　学文社　二〇〇四
『子どもの権利と学校教育の改革』　北川邦一著　かもがわ出版　一九九五
『子ども・若者の参画』　子どもの参画情報センター編　萌文社　二〇〇二

『教育方法学』　佐藤学著　岩波書店　一九九六
『人間と教育』vol. 53「学校管理職の来し方とゆくえ」　中田康彦著　旬報社　二〇〇七
『教育参加と子どもの権利条約』　日本教育法学会年報第二五号　一九九六
『義務教育を問いなおす』　藤田英典著　ちくま新書　二〇〇五
『新時代の教育をどう構想するか』　藤田英典著　岩波ブックレット No. 五三三
講座学校七『組織としての学校』　堀尾輝久・浦野東洋一編　柏書房株式会社　一九九六
『教育を拓く』　堀尾輝久著　青木書店　二〇〇五
『日本の教員評価に対するＩＬＯ・ユネスコ勧告』　堀尾輝久・浦野東洋一編著　つなん出版　二〇〇五年
『学校を変える生徒たち』　宮下与兵衛　かもがわ出版　二〇〇三
『いま、読む『新制中学校新制高等学校望ましい運営の指針』』　民主教育研究所　二〇〇二
『学校づくりと地域づくり』　民主教育研究所年報　二〇〇五
『現代の教育改革と学校の自己評価』　八尾坂修著　ぎょうせい　二〇〇一
『ドイツ学校経営の研究──合議制学校経営と校長の役割変容──』　柳澤良明著　亜紀書房　一九九六
『子どもの参画』　ロジャー・ハート著　萌文社　二〇〇〇
『高校のひろば』五七号　日高教・高校教育研究委員会編集　旬報社
『高校のひろば』六一号　日高教・高校教育研究委員会編集　旬報社
『高校のひろば』六三号　日高教・高校教育研究委員会編集　旬報社
『高校のひろば』七一号　日高教・高校教育研究委員会編集　旬報社
『高校のひろば』七二号　日高教・高校教育研究委員会編集　旬報社
『高校のひろば』七三号　日高教・高校教育研究委員会編集　旬報社
『高校のひろば』七五号　日高教・高校教育研究委員会編集　旬報社

【解説】

教えるとは　希望を語ること
学ぶとは　誠実を胸にきざむこと
――アラゴン「ストラスブール大学の歌」より――

浦野東洋一（帝京大学教授・東京大学名誉教授）

私は、「開かれた学校づくり」に関心を持ってきた研究者として、これだけ詳細な「実践研究書」が出版されたことを、心から歓迎し、喜んでいます。

そして、このような本をつくるためには、実践を対象化して反省的、研究的にふりかえって叙述するという知的作業はもちろんのこと、「個人情報の保護」「秘密の保持」等について細心の注意を払う必要があります。したがって著者には、なみなみならぬご苦労ご苦心があったに違いないと思っています。

私が本書の原稿を読んで考えたこと、学んだことなど感想はたくさんありますが、本稿では、ほんの二、三のことに限定せざるを得ません。

（1）発想や思考の広さと柔軟性

この二〇年来、「競争」こそが人間（したがってまた子ども、教員）の質、教育の質、学校の質を向上させるという「競争原理主義」に立脚する教育政策が打ち出されてきました。ご承知のように、規制緩和、選択の自由、自己決定、自己責任、ＰＤＣＡサイクル、説明責任など、一連の用語がキー・ワードとして飛び交ってきました。

たとえば、「学校間の競争」を引き起こすためには「学校選択の自由」を保障することが必要である。そのためには「学区制の拡大・廃止」が不可欠である。どの学校を選択するかを決めるためには、判断材料として各学校についての情報が必要である。そのためには各学校で「学校評価」を実施し、その結果を住民に「情報提供」（情報公開）することが不可欠である。学校選択の結果、生徒の学校への不適応が生じたとしても、自分で選択した（自己決定した）結果であり、責任は生徒の側にある（自己責任）という論理になります。こうして社会科学的にみれば、「学区制の拡大・廃止」「学校評価」「情報公開」は一連のシステムであり、「競争」を強化するためのシステムであるということができます。

ところで、私が好きな言葉の一つである「切磋琢磨」とは、「志を同じくする者が、互いの欠点や誤りを直しあって向上をはかること。」（新明解国語辞典・第六版）、「仲間同士互いに励まし合って向上すること。」（岩波国語辞典・第六版）という意味です。私は、切磋琢磨するという意味においてなら教育における競争はおおいに必要であるが、人間を孤立させるような「競争」は教育になじまないと考えてきました。したがって私は、教員が政策としての「学校評価」に反対であったり消極的であったとしても、それには合理的な理由のあることであると、まずは考えます。ところが本書の著者は、〝「学校」という基礎単位から見た場合、学校評価を管理強化として頭から否定するのではなく、目の前の生徒のためにどのように教育活動に生かせるか、望ましい学校評価とは何かを、学校の管理職、同僚、保護者、生徒、地域の人々とともに考えることが大切である〟というスタンスをとっています。

私は、実践家がこのような広く柔軟な発想をもつことは、必要なことであり、きわめて重要なことであると考えています。子どもの幸福に奉仕することを職務とする教員には、政策についての社会科学的な認識と行動に加えて、なによりも教育実践家としての実践的な認識と行動が求められていると考えるからです。

柔軟な発想が大切だということは、教員は常に政策に忠実に従わなければならないということではないでしょう。政策の適否の判断基準を「教育の原理」（教育条理）におき、教育原理にもとっていれば異議申し立てをして、教育条理に合うものに近づける努力をすることが求められるということだと思います。そして本書は、この「努力」の記録であるといってよいと思います。

ここで「教育の原理」（教育条理）とは、近代の教育学によって確かめられてきている教育の在り方についての知見、教育のあるべき姿形のことです。「教育を受ける権利」「教育の機会均等」など主として教育制度にかかわるものから、「教育の政治的・宗教的中立」「子どもの自主性・自発性の尊重」など教育の内容・方法にかかわるもの、「教職の専門性」「教員の同僚性」など教員の在り方にかかわるものなど、その内容は豊富です。同時にこの原理（条理）は、固定した不変の事柄として在るのではなく、社会の変化とともに変わっていくべき事項がありうること、その意味で常に探究の課題として在るという性格を持っています。

そして本書は、そのスタンスとして、政策や実践の適否の判断基準をこの「教育の原理」（教育条理）においていると読み取れます。このスタンスがしっかりしていたからこそ、「判断」が的確にできるし、意識的に「妥協」もできるし、確信をもって「実践」もできるという関係が成立しえたのだと思います。

（2）開かれた教職の専門性

教育実習や見学で中学校や高等学校を訪問した時などに、「固い学校だな」と感じることがあります。オーバーな表現になるかも知れませんが、校則や教員は絶対的な存在であり、生徒は教員の指導や指示どおりに動くべき存在である……、憲法や子どもの権利条約とは無関係……といった感じを受ける学校です。授業を見学すると、ワークシートが配られ、教室は静かで授業は成立しているのですが、寝ている生徒はそのまま「放置」されていて、コミュニケーションが活発で生徒が集中しているとは感じられない授業がみられる学校。教員には、そうとうな徒労感が蓄積されているはずだと思います。部活の指導も大変です。このような学校現場を改革するためには、まず教員が変わらなければと思います。

昔から教育学のイロハとして、授業や教育の出発点は「子ども理解（子供を理解すること）」であるといわれてきました。また政策文書や国の法令を引き合いに出すまでもなく、ご存知のように近年、家庭や地域との「連携」が強調されています。連携とは「同じ目的で何事かをしようとするものが、連絡をとりあってそれを行うこと。」（岩波国語辞典・第五版）です。これによれば、連絡文書を通知しただけでは連携したことにはならない、一緒に何事かをして初めて連携したことになるということでしょう。

生徒を理解するためにも、保護者や地域の人々と連携するためにも、まず必要なことは、そしてそのための最良の方法は、教員と子ども・保護者と地域の人々との「直接対話」であると私は考えてきました。その中で、教員はさまざまな葛藤に直面しながら、自己変革を体験することになるでしょう。そして本書は、その貴重な記録となっています。

この「開かれた教職の専門性」への方向は、教員の在り方についての国際的な議論の方向とも合致しています。舟橋一男氏（埼玉大学）が要領よくまとめてくれた文章を引用しておきます。

「教職の専門化への世界的な動きをつくりだした画期的な文書として、ユネスコとＩＬＯ（国際労働機関）によって共同採択された『教員の地位に関する勧告』（一九六六年）がある。この『勧告』は『教育の仕事は専門職とみなされるべきである』と明言した……。一九六六年の『勧告』から三〇年を経た一九九六年、ユネスコの国際教育会議は新たな『教員の役割と地位に関する勧告』をまとめている。……ここで注目したいのは、六六年『勧告』にはなかった、市民との協働と教師の政治的コミットメントについての勧告内容である。そこでは、子どもの市民性の育成と積極的な社会参加の促進とともに、それを保障していく教育の創造において教師が保護者および市民との協働関係を築くことの重要性が述べられている。また、専門職者としての教師の政治的コミットメント、すなわち学校運営や教育改革に積極的に参加することと、それを通じて教育をめぐる多様なニーズやビジョンの『調整者』になるべきことが述べられている。これは、六六年の『勧告』以降の教育をめぐる民主主義の進展を反映した内容である」（『教育学をつかむ』、二〇〇九年、一七六～一七七頁）

本書はまさに、この方向に向かっての実践記録となっています。

（３）未完のプロジェクト

教育そのものが未完のプロジェクトであるという言い方がされます。「三者協議会」や住民も参加する「四者協議会」を中心軸にすえた「開かれた学校づくり」の取り組みについては、なおいっそうこの言葉があてはまるように思います。なにしろ学生と保護者の三分の一は毎年入れ替わり、教員の異動もあるからです。新しく異動してきた管理職が、この「開かれた学校づくり」に積極的かどうかという大きな問題もあります。要するにこの取り組みは、まず継続できるかどうかが課題になるのです。研究会などでよく話題にされる協議会への参加者数、協議会と生徒会執行部と各ホーム・ルームとのつながりの問題は、永遠の課題といってよいでしょう。

継続するためには、新入生やその保護者や新しく異動できた教員に、この取り組みの意義や個別校での歴史について知ってもらうことが不可欠です。本書の舞台である草加東高校についていえば、少なくとも新入生の生徒会役員、ＰＴＡ役員、新しく来られた教員には、本書を読んでいただきたいものです。そして、五～六年後には、同校の実践家によって本書の続編が上梓されることを期待したいと思います。

教育の目的は、法令に書かれており、またいろいろと論じられていますが、煎じつめれば、①子どもの幸せに奉仕すること、②社会（家庭、学校、地域、日本、世界など）の持続と更新・発展に奉仕することであると考えています。そして、そもそも人間は一人では生きられませんから、両者は密接不可分の関係にあることの認識が決定的に重要です。また、子どもは学校の中だけで育つのではないことも明白な現実です。

したがって、学校、家庭、地域の連携のみならず、根本的には政治をはじめ社会全体が「教育的」になることが理想だということになります。そのことを教員に引きつけて言えば、それが職務であるか否かは別として、教員が活動する舞台は、学校のみならず、組合であり、地域であり……ということになります（この方向は、先に引用した一九九六年ユネスコ国際教育会議の勧告と同じといえます）。本稿の標題にアラゴンの詩の一節を引いたゆえんです。

〈著者略歴〉
小池由美子（こいけ・ゆみこ）
1959年生まれ。早稲田大学卒業、東京大学大学院修士課程修了。埼玉県立高校教諭。草加東高校に16年在籍し、2010年4月川口北高校に着任。『高校のひろば』（日高教・高校教育編集委員会編集、旬報社）、『子どもの貧困白書』（明石書店）『開かれた学校づくりの実践と理論』（同時代社）などに執筆。日高教前副委員長。

学校評価と四者協議会
——草加東高校の開かれた学校づくり

2011年2月5日　　初版第1刷発行

著　者　　小池由美子
発行者　　高井隆
発行所　　株式会社同時代社
〒101-0065　東京都千代田区西神田2-7-6
電話 03(3261)3149　FAX 03(3261)3237
組版／装幀　　有限会社閏月社
印　刷　　モリモト印刷株式会社

ISBN978-4-88683-689-2